高品质沟通

郭津宏 ⊙著

有效说服他人的实用技巧

Communicate

沈阳出版发行集团
沈阳出版社

图书在版编目（CIP）数据

高品质沟通 / 郭津宏著 . —沈阳：沈阳出版社，2017.8

ISBN 978-7-5441-8542-4

Ⅰ．①高… Ⅱ．①郭… Ⅲ．①心理交往－语言艺术－通俗读物 Ⅳ．① C912.13-49

中国版本图书馆CIP数据核字（2017）第169336号

出版发行：	沈阳出版发行集团 ｜ 沈阳出版社
	（地址：沈阳市沈河区南翰林路10号　邮编：110011）
网　　址：	http://www.sycbs.com
印　　刷：	北京嘉业印刷厂
幅面尺寸：	170mm×240mm
印　　张：	15
字　　数：	255 千字
出版时间：	2017 年 8 月第 1 版
印刷时间：	2017 年 8 月第 1 次印刷
选题策划：	郑　为
特约编辑：	郭海东　张　颖
责任编辑：	王冬梅
封面设计：	思源工坊
责任校对：	孙　泽
责任监印：	杨　旭

书　　号：	ISBN 978-7-5441-8542-4
定　　价：	39.80 元

联系电话：024-24112447

E-mail：sy24112447@163.com

本书若有印装质量问题，影响阅读，请与出版社联系调换。

前言
PREFACE

人的一切价值,都是社会的价值。生活中重要的一件事,就是和人类保持密切联系。

每个人都有固定的社会角色定位,通常会按照角色规范来约束和规范自己的角色行为,这既是符合社会角色的要求,也是规范自己行为的过程。

约束自己的行为是指对人、事的欲望加以控制或增强。人的社会角色定位需求和动物的本能需求有所差别,它不仅是动物之间简单的行为方式的扩展和延伸,而且是使自己的生活活动置于意识控制之下。

例如,在人的社会角色定位需求结构中,有安全和受到别人尊重的需求,有实现自己的价值、得到他人认可的需求。但是,这种需求能否实现是以社会能够提供一定的标准为尺度,以社会和他人需求的同样满足为前提的。

这种情形下,每个人都在一定条件下受到社会即人际沟通、交往的规范的制约。

外在的环境对人的心理会有很大的影响。

人心容易受到外界环境的刺激,在接受外来的信号时,会非常容易受到影响。积极的信号会给人一种积极的影响,如果是消极的信号,则会产生消极的影响。

科学家研究发现，如果经常接收到积极的信号，会加速人大脑层波的扩散，刺激平时很难能够刺激到的部分，激发出潜在的力量，使人爆发出更强大的力量。这里所说的信号不就是我们开口说出的话吗？话说得好，不但帮助人获得成功，而且能给人带来幸福。话说得烂，则会对人产生消极影响。

人际关系学家戴尔·卡耐基说："一个人的成功，15%靠技术知识，85%靠口才艺术。"

我们必须正视事实：工作与生活中，那些会高品质沟通的人，往往令人愉快，获得很好的人缘，与同事相处融洽，深受领导赏识，容易获得升迁机会。而那些不太注意使用沟通技巧的人，则往往默默无闻，被人无视，甚至有时还会因为不会说话而得罪人，影响人际关系，导致事事不顺。

哈佛大学著名心理学家与哲学家威廉·詹姆斯教授认为，普通人只开发了蕴藏于自己体内1/10的能力。要知道，每个人都是语言天才。任何人一旦生气之后，就会言辞巧捷，变得很会说话。即使一个最笨嘴笨舌的人在被别人打倒后，他也会立即站起来与你理论，而且一点都不亚于第一流的演讲家。因此，只要拥有自信，内心有表达的冲动，那么你也一定会说得十分动人。

每个人都可以通过后天的努力去掌握沟通技巧，学会高品质沟通，从而活出高品质人生。

目 录
CONTENTS

第一章 如何做到高品质沟通

适当运用"读心术" / 003

学会换换位,沟通才到位 / 008

让沟通从称赞及欣赏开始 / 015

来一招"蒙娜丽莎的微笑" / 022

让对方一开始就说"是" / 027

第二章 高品质的沟通需先交心

把向下的手掌伸向对方 / 033

当我们爱别人时,我们就得到了爱 / 037

尊重别人的意见 / 042

在我眼里,你很重要 / 046

摆脱第一印象,重新认识对方 / 050

你有疑心病吗? / 054

第三章 高品质沟通是讲智慧的

你是什么样的人,就说什么样的话 / 061

先肯定自己,再对话他人 / 065

别踏入对方的"气泡雷区" / 069

记住名字,叫对名字 / 072

避免"地位效应",平等沟通 / 077

多见几次,混个脸熟 / 081

第四章 高品质沟通是说话让人舒服

把别人作为中心 / 087

每个人都想聊自己 / 092

会听比会说重要得多 / 096

不论好坏,先夸一夸 / 101

面子给你,里子给我 / 105

给别人一种优越感 / 109

了解并满足对方需求 / 114

第五章 要有良好沟通,就要掌握分寸

心直可以,口不能快 / 121

与人诺必践行 / 125

不要总想着改变别人 / 129

废话少说为妙 / 133

没有人喜欢被强迫 / 137

喋喋不休是毒药 / 141

别做无谓的争论 / 146

第六章 柔软沟通比暴力沟通好得多

不要总是以己度人 / 153
多点建议，少点命令 / 157
没有人喜欢"被应该" / 161
妙用"黑暗效应" / 165
示弱的孩子有糖吃 / 168
借他人之势，长自己威风 / 171
路留一步，味让三分 / 175

第七章 给"苦口"装上"糖衣"

不要总是活在批评里 / 181
直接批评最愚蠢 / 185
"先兵后礼"显诚心 / 190
责人先责己 / 193
唯宽可以容人 / 197
说话不要太较真 / 201

第八章 轻松说服他人的沟通技巧

用言语激发别人的好胜心 / 207
抓住别人的高尚情结 / 211
利用表演艺术 / 216
抓住顺承心理合对方心意地说 / 221
用友善敲开对方的心扉 / 225
沉默也可以是沟通的润滑剂 / 229

第一章 如何做到高品质沟通

> 一个人说"是"的时候,潜意识里处于一种兴奋的状态,神经系统和肌肉处于前进、接受、开放的状态。这个时候,人潜意识里是一种放松的状态,防御能力大大降低。因此,在开始的时候,我们能引起的"是"越多,就越容易进行高品质沟通。

适当运用"读心术"

具体的心理活动总会通过相应的行为动作表现出来,只要你足够认真地观察,一定能够摸清楚对方的心理活动,采取针对性的措施。

心理学中,我们——你和我——与这个世界通过4种方式与外界接触,而他人正是通过这4种方式来判断我们某种行为的动机、心理——我们做了什么,我们看起来像什么样子,我们说了什么,我们怎么说——这4种方式完全由心而发。

佛家有句话叫"相由心生",一个人做什么,像什么,说什么,这些心思与作为,可以通过面部特征表现出来。

大学毕业之前,我和一个同学冒冒失失地进一家单位去面试。

面试的过程波澜不惊,面试官简单地看了我们的简历,简单地询问了我们几个问题,面试就算结束了。

面试官对我们说道:

行!先这样吧!你们的条件我们基本上都掌握了,我们研究一下,会告诉你们消息的,再见。

说不出什么感觉,第一次面试就这样结束了。

回去之后,同学立刻着手安排下一场面试,这让我颇为不解,问:"我们还没有得到消息,如果面试成功了,岂不是白白浪费了?"

同学则很自信地告诉我,面试已经失败了。

我很奇怪，问："你怎么知道的？"

同学回答说："面试官对我们说话的时候，右手总是撑在脸上，中指支着下颚，食指伸直指向右眼角，左臂又横在胸前，很少直视过我们。这种体态就是表示：我们对他没有足够的吸引力，我们不是他所需要的人。"

事实证明，我们没有接到单位的复试通知。

他是一个懂得肢体语言的人，能够通过对方的表现来得到一些信息，这是很多人都需要学习的本领。

"人心难测，海水难量。"与人沟通的过程中，无法对对方有全面的、准确的了解，也就很难能够采取应对的措施。人心隔肚皮。

大脑思维发出指令，人的肢体会采取某些行为，已经形成了固定的模式。比如，受到外来条件刺激，表现出恐惧的特征，你的神经会收缩，肌肉会紧绷，脸色会发生变化等，都是具体的形体表现。

大脑发出的指令，即便人的表现在语言上有所掩饰，也会通过其他的肢体语言表现出来。如果你善于观察，同样能够捕捉到一些不易觉察的细节，进而做出正确的判断，摸清楚对方的心理。

美国心理学家梅奥经过研究发现：人类的肢体语言具有习惯成自然的下意识特性，从这个意义上来说，它比语言更能表现出人的心理动机。

当然，一些沟通高手，历经百战，或许早就已经习惯了掩饰自己的真实心理。心理学家梅奥也注意到了这个方面，但是能够掩饰一部分，并不能掩饰全部。

以著名教育家卡耐基为例，他经历复杂，人际沟通经验丰富，对别人了如指掌，当然，对自己的心理同样能够了如指掌。然而，卡耐基先生却这么说：**即便你是天生的伪装大师，也不可能做到滴水不漏。一个人经验丰富、经历复杂，只能说明能够意识到或者做到伪装自己的一些动作，在一些肢体**

语言上进行掩饰、伪装，但却依旧有一些细节动作，会被别人发现。不管是什么人，要做到完全不露痕迹、天衣无缝是不可能的。

英国社会学家斯宾塞经过数十年的研究发现：当一个孩子撒谎时，常把手藏在身后；而成年人撒谎时，常常是眼神游离不定，或者是偶尔摸一下嘴巴。

或许你会说，在有针对性的训练之后，在撒谎的时候，眼神镇定就可以了。问题没有这么简单，比如，你可以在打喷嚏的时候睁开眼睛吗？或许你会说行，但这是不可能实现的事情，打喷嚏的时候眼睛一定是闭着的。

说谎话的时候，即便你经过了针对性的训练，肢体语言方面依然会传递出一些信号。如果你的眼神表现得很镇定，但仍然会表现为一些特征，如语言不连贯、神情不自然、肌肉紧张、眼神不自然等。

这些传递出来的信号与坚定的眼神不和谐，仍然会让别人察觉。

科学家发现，当人的大脑发出某种行为的信号时，大脑中传递的信息波会支配身体的各个部位发出各种行为的信号，这是不能完全控制的，同时也是难以充分意识到的。

即便你能够有意识地控制，但较长时间内依然很难做到，一旦某种行为语言是在强行状态下表现出来的，一旦这种强行力消失，就会瞬间被打回原形。

世界上最伟大的推销大师吉拉德就擅长通过对方的小动作来发现对方的心理，这给他提升工作效率带来了很大帮助。吉拉德回忆说：

"这天，我与一个潜在的客户进行沟通，在他的询问下，我说了商品的价格。当我说出价格的时候，看到客户搓了搓手掌，我意识到客户是在思考。可能在很多人看来，应该赶紧介绍产品的好处，进行第二轮攻击。我没有，我会继续观察客户搓手的速度，搓得较快，表示事情好办；慢慢地搓几下，表示事情难办。此时，我会根据具体的情况采取具体的措施。这样，我的效率就会高很多。"

美国社会心理学家哈维尔博士根据十几年的研究实践，得出了一些小动作代表的心理：

在与人交谈的过程中，皱眉头，则表示对方在思考，这种情况下最好不要打扰；

双手纠缠在一起，则表示此人正处于紧张、不安或害怕的情绪中；

眯着眼睛，嘴角歪向一边，则表示不同意，心生厌恶或不欣赏；

来回走动，则表明对方在发脾气或者受到挫折，难以安静；

不敢正视对方，眼神闪烁，则表明此人不自信，或者在说谎；

正视对方则传递着一种友善、诚恳的态度，同时表明此人性格外向，有安全感，自信，笃定等；

搔头，则表示处于迷惑的阶段，或不相信；

坐在椅子上，来回抖脚，则表明内心的紧张；

身子向前倾，表示注意或感兴趣；

身子向后倾，表示心不在焉；

头部挺得笔直，说明对谈判和对话人持中立态度；

低头则说明对对方的谈话不感兴趣或持否定态度。

……

除了身体上肢的动作之外，下肢的动作更为明显地反映一个人的心理。

比如，交谈的过程中跷二郎腿，这一般是表示一个人不露声色，保持一种观望态度。不过职场中，有些人长期养成习惯，经常随便这么坐，没有任何潜台词，不过只要你参照其他的行为，就可以理解此时跷起二郎腿的心理了。

比如，和你交谈的人，如果跷起二郎腿，两手交叉在胸前，收缩肩膀，则说明你此时的谈话无法引起他的兴趣，他对眼下的谈话已经不再感兴趣。

如果对方此时坐在你的对面，跷起的腿成一个角度，则说明他这个人很懂礼貌，性格方面比较好强，争强好胜。如果他还双手抱膝，则说明沟通结果很难预料，因为这种人一般不会让步，口齿伶俐，反应快，是一个职场沟通的高手。

如果交谈的过程中，对方叉腿站着，说明他不自信，紧张而不自然。人们在一个陌生而不舒适的场合多半爱这么站。

坐在你面前跷起二郎腿的时候，手指叉在一起而面朝上，说明对方精力集中，果断和有几分优越感。此时的你需要改变一些策略，要根据对方的心理变化采取策略。

交谈的过程中，对方在耳朵部位搔痒痒或轻揉耳朵，你就需要改变一种沟通策略，因为对方已不想再听你说下去。

如果对方用手指轻轻触摸脖子，则说明对方对你并不相信，至少对你说的持怀疑态度。

如果对方把手放在脑袋后边，你要做好接受挑战的准备，因为对方准备反驳或者质询你的某些谈话内容。

交谈的过程中，对方用手指敲击桌子，说明对方无聊或不耐烦。

如果用手托腮，用手指顶住太阳穴，说明对方在仔细斟酌你说的话，此时你要做的只是旁敲侧击。

如果交谈的过程中，对方在有意无意之间清除衣服上看不见的尘土，你已经可以收起你的谈话了，因为对方内心里不同意你说的，但因某种原因不说出来。

人相应的肢体语言都会反映相应的心理活动，只要你注意观察，细细体会，就能够在具体的沟通过程中，察觉到别人的内心活动。

学会换换位，沟通才到位

想实现有效沟通，你需要站在对方的立场上；不要一味地只想着自己，超过了别人的承受范围，可能会一拍两散。

我们来看一个有趣的小故事：

有一次，美国作家马克·吐温去教堂听牧师演讲，最初感觉牧师的演讲很生动，打算捐款。10分钟之后，牧师还在进行重复的说教。马克·吐温有点不耐烦了，决定放弃捐款的念头；又过了一刻钟，牧师还没有讲完，马克·吐温开始心生厌恶。

一刻钟之后，牧师的演讲终于结束了，开始募捐时，气愤难平的马克·吐温不仅放弃了捐款，还从捐款的盘子里拿走了一美元，作为自己的精神补偿。

安德鲁·卡内基的严格是出了名的。作为美国钢铁巨头，他为钢铁厂制定了完善的管理制度并严格执行，使得员工的服从意识空前提高。

在钢铁厂逐步走向全美的时候，安德鲁·卡内基发现，车间技师对他的"严格要求"微词颇多。诸多管理关系中尤为突出的，就是批评的效果越来越糟糕了。

为了提高车间的工作效率，卡内基对那些违反钢铁厂规定的技师，总是毫不留情地进行批评。有一次，一位技师在检验钢铁的过程中，未按厂里规定的"技师复核制度"复核，就将钢材销售给铁路部门，铁路部门发现产品的验收者不是自己指名想要的，于是找钢铁厂进行调换，并向卡内基投诉了那名技师。卡内基按照钢铁厂的规定，对技师进行了严厉的惩罚。

卡内基在自己的回忆录中写道："到此本该结束。但是，在以后的几个见面中，我常常把这件事挂在嘴边，督促他在检验钢铁时一定要'引以为戒'，甚至三番五次在会议上将这个案例搬出来，并直接道出了技师的名字。

"半个月之后，我收到技师的辞职信：我要辞职。顺便说一句，生产器械出现故障，希望你能够在下批订单来临之前检修好。

"我这才意识到是自己的行为过了火。"

心理学中有一种"超限效应"，指在沟通过程中，如果对对方刺激过多、过强或作用时间过久，会引起对方极不耐烦或逆反的心理现象。

事例一中的牧师在演讲的过程中，对马克·吐温刺激过多，时间过长，和事例二中的安德鲁·卡内基出现同样的问题，结果导致出现与预期效果完全相反的事情。

要避免超限效应，人际沟通中，需要注意沟通的方式、方法，把握"度"，最重要的是换位思考。

再来说一个故事：

有一段时间，我去天津出差，就合作中的一些事项与客户展开谈判。

双方交谈得很顺利，在履行具体的合同事项时，对方的两个人提出了异议。两个人喋喋不休地轮番轰炸，无外乎现在物价飞涨，生产成本提高，要提高价格之类的。

面对他们的轮番轰炸，我并没有自乱阵脚，而是这样告诉他们：

当然，现在生产成本提高，站在你们的立场上，我希望你们多赚一点钱，如果我是你的话我也这样想。现在让我来帮助你们分析一下，价格提高以后你们是多赚钱了，还是少赚钱了。看起来价格提高你多赚钱了，而这一单的价格我们公司当然可以承担得起。但是，以后我还会与你们合作吗？我这一走对你们来说丢掉了一个很重要的生意，而且我是做生意的，如果我给你们宣扬出去，谁还会来？相反，现在成本提高，如果我将你们没有提高价格的事情宣扬出去，等于是给你做了广告，让很多人都知道你们是讲究诚信的。你们觉得提高价格好还是不提高价格好呢？

他们考虑了一下，认真地点点头。最后双方达成了合作。

当你站在别人的角度帮别人思考问题的时候，别人同时也会站在你的角度帮你思考问题。

人与人之间的交往，时常会存在许多分歧。当分歧存在的时候，要学会站在对方的立场看问题，这样就可以知道他们在想什么、想得到什么、不想失去什么。再根据对方的立场，寻找解决问题的方法。

人心的劣根性决定了人的大脑中只能考虑到自己、只能看到自己。要实现有效沟通，需要避免人心的缺陷性，需要转变观念，学会站在对方的立场看问题。

只有站在对方的角度考虑问题，你才能了解对方的思想立足点、意识支撑点，才能对对方有个基本的了解。在各种交往中，你就可以从容应对。

围棋高手在比赛的过程中，常常扮演两个角色——对方的进攻和己方的进攻。只有这样，才能确定对方出什么着，大概就胜券在握了。

当然，有太多的人不懂得如何运用这条规则，这是导致他们人生失败的一大原因。

然而，很多人低估了站在对方的立场考虑问题的力量，由此，他们也丧失了许多可以成功的机会，因为他们对别人一无所知。

人性的劣根性，决定我们无法用简单的对与错的标准来衡量某一事情。只能站在不同的角度去考虑问题，得出的结果肯定会不一样。

因此，当我们考虑某一问题时，眼中仅仅能够看到自己，而完全忽视他人，往往就会失之偏颇，甚至做错事情。

要实现有效沟通，需要凡事设身处地，换一个角度思考，原本疑惑不解的问题可能就变得豁然开朗了。在思维上，这又称为逆向思维。

要站在对方的立场上看问题。一个人只有从镜子里才能看到脸上的痦子，站在镜子前面，就是最好的方式。

站在对方的立场上，就如同站到镜子前，可以看到自己脸上的痦子，这仅仅是实现有效沟通的第一步。如何让脸蛋与痦子之间实现和谐，让痦子不会成为影响你展现自己美丽的因素，而是让你更漂亮，这才是关键。

我想起几年前的一件小事情：

我的一个人事部的同事，由于人事部人员调动，公司的人事几乎全部由他负责，任务的繁重可想而知。午休时，他恰好遇到了我，向我喋喋不休地抱怨，抱怨每天需要加班三个小时，中间不能有丝毫松懈，老板是想把自己当牲口使之类的话。说实话，我实在是没有耐心听。

我很想对他说：你不要抱怨，抱怨对工作于事无补。在我们公司，一直有这样一个传统：女人当男人用，男人当牲口用。你就自认倒霉吧。

当然，这不是最好的办法，我对他说：

"是的，你说得很对，换作是我，我也会和你的反应一样。公司的人事部人员调动，几乎所有的人事工作都需要你一个人担着，只能把你当牲口用了。但是，这正是你表现自己的机会啊，受任于公司变动之际，奉命于人员缺乏之机，既是挑战也是机遇，一副肩膀担起一个部门的重担，领导会视而不见吗？"

这句话让同事几乎两眼放光，用力地拍了拍我的肩膀。这句话对他很受用。

开始时我对他说："是的，你说得很对，换作是我，我也会和你的反应一样。"

这句话让同事的抱怨瞬间消失，而且这句话完全是出于理解他的心理、意愿，假如我是他，当然也同他感觉一样。

"是的，你说得很对，换作是我，我也会和你的反应一样。"这是一句有神奇力量的语句，一个可以停止争论、消除怨恨，甚至制造好感，使对方注意听你谈话的一句话。

就是这样一句话，能够让世界上最固执的人，瞬间软化下来。人性的需要，需要自己被别人理解，特别是一种不同于普通人的思想，更需要得到别人的了解。比如，一个不被身边的人所接受的人，或者是思想，或者是行为，但不管是何种思想和行为，都有自己的出发点和支持理由。想和他实现有效沟通，首先需要同情、认可他的理由，"是的，你说（做）得对，换作是我，我也会和你的反应一样。但是……"

要记住，那些到你面前抱怨、倾诉，甚至失去理智的人，他之所以成为这样的人，责任并不全在他身上。

对这些人，要对他表示认可、理解，不要求你一定要接受他的思想，但前提是要理解。"我无法接受你的观点，但我誓死捍卫你说话的权利。"这里，要将这一句话改为"我理解你的处境，但是……"，这是有效沟通的需要。

中国的人际关系很复杂。因此，在中国，有很多人感慨，在中国做人太难。

几年前，我的一个乡下亲戚让我给他的儿子在我任职的公司安排一个职位。这完全超出我的能力范围，当时我也只是一个小职员，每天工作八小时，每周工作五天，每个月拿着不多不少的薪水。这些在我的亲戚看来，就是成功了。

很明显，我无法帮他实现。

后来，他对我的父亲说：你的儿子现在混好了，我们是高攀不上了。

我知道，他在生我的气。

我给他打电话：

你说得很对，换作是我，我也会这么认为。但是我也在为别人打工，如果他（指亲戚的儿子）有公司需要的专业技能，我就是拼了命，也一定帮他谋得一份工作。他现在还只是个少年，应该以学业为重。我保证将来会拉他一把。

于是，与这个亲戚冰释前嫌。

因为道歉，并认同他的观点，我和他得以冰释前嫌，让他同情我的处境。

实现有效沟通，必须要用真诚的态度说出那些话来，假如你是对方的话，你当然有他同样的感觉。

人性使然，普遍追求别人的理解、顺从，希望得到别人的同情。前面我们说过，一些年幼的孩子会急切地显示他受伤的地方，以得到成人的关心和同情，这个时候，成人在同情的同时，还需要站在孩子的角度上，设身处地地理解孩子需要别人认可自己的心理。

不仅仅是孩子，成人也有类似的情形，他们会到处向人说明他曾经的经历，而且这种经历越是坎坷，越是急切地想表达出来。在这个过程中，他们甚至会添油加醋，极力渲染，说出他们的经历。"自怜，实际上是人的一种习性。"

在生活中，我们也经常遇到这样的情形：有人喋喋不休地向你抱怨，而你确实很没有耐心；你正愁手头的工作无法完成的时候，领导又给你安排了一项重要任务；你人手不足的时候，有人突然向你请假……面对这种情况，如果我们直接应对，如向他人表示："不，这样不行。"恐怕这不是最好的办法。但如果我们换一个策略，采用同情他人意愿的原则，如向对方说："是的……，但是……"这样效果会明显不同，可能会出现一个意想不到的结局。

因为，你首先对别人的要求或者意愿表示了认可，这等于你满足了对方的心理，对对方的要求与意愿表示了认可，接着又讲出了自己的意愿，让对方面对两种情况自我选择。

在这种情况下，只要对方是一个通情达理的人，都会做出让你感觉到舒服的选择。

站在对方的立场上，理解对方的意愿，这是有效沟通的一种手段。

让沟通从称赞及欣赏开始

称赞是全世界最美的语言，发挥嘴巴的功效，将最美的语言送到别人的耳朵里，这样，别人才能将耳朵放进你的手中。

在创业初期，我经常到工商所、银行等机构为公司奔波忙碌。特别是在工商所，替我办事的服务人员，因为一整天面对太多琐碎的事情，态度都不是很好，办事效率很差，办一张营业执照，都要跑好几次。

这次，按照约定的时间，我再次光临了机关的服务窗口，看到了那个熟悉的面孔（此前已经接触了三次）。我问："小姐，你在这做多久了？"她用疑惑的口气说："做了4年了，有什么问题吗？"一开始她显出一副很不耐烦的样子，我对她说了一句话，我说："今天我有一个重大的发现——这个工商所里面，我发现你是工作最认真、长得最漂亮的女员工。"

当我说完这句话，我发现她的眼神立刻变得非常有精神。随即，她很高兴地跟我说："你太客气了。"

短短五分钟，她就给我办完了所有的手续，并承诺关于税务方面的问题，可以联系她的一个同学。

在她的引荐下，到税务局办理事务非常顺利。

人性中，很多人都是很吝啬称赞别人的，所以大部分人也就听不到对自己称赞的话。假如你经常和别人说："你今天看起来真漂亮！""你看起来红光满面！"这样会让别人非常喜欢你的。

这种方法似乎太明显了，但所用的心理学原理却是很巧妙的。

女人不会拒绝甜言蜜语，因为出发点是你的称赞和欣赏。

理发师在替人修面之前，总是先涂肥皂水，这样不仅能够顺利完成修面任务，还能够引起客人在生理和心理上的留恋。

对男人而言，修面并不是一件简单的事情，甚至被很多人认为是一种负担。

但理发师却能够轻松解决男人的修面问题，涂上肥皂水会起到润滑的作用，简单的肥皂水能够让令男人烦心的事情变成一个享受的过程。

当听到别人对自己的优点的称赞以后，再去听一些逆耳的话，会乐意接受原本抵触的话。如果想说服他人，应该首先从由衷地称赞和真诚地欣赏开始。

一个做家具生意的朋友和我说了这样一件事：

他的一个业务员在为一个人介绍业务的过程中，将柞木与榆木材质的办公用品的报价给弄错了，直到签订合同、拿到预付款才发现。柞木与榆木的价格，一方相差百元左右，这意味着朋友要损失一笔不少的钱。

面对着无缘无故的损失，朋友发火是当然的了。

当他要发火的时候，想到了陈鹤琴先生的一句话："无论什么人，受激励而改过，是很容易的，受责骂而改过，是不大容易的。"这个业务员是一个头脑灵活、踏实勤奋的小伙子，朋友不愿意伤害此人的感情——他一定不能打击业务员的热情，但他不得不说"不"。

注意他的方法：

"你的业务能力非常出色，这单业务谈得非常顺利"，朋友继续说道，"很少有业务员能够在谈判方面如此顺利，在短短的十几分钟之内让客户签订订单。但是，这次业务出现如此特殊的问题，合适吗？从你的立场来说，你签单的速度和质量无可挑剔。但我必须要从公司的效益来考虑，现在，我要告诉你，要扣发你这个月的奖金。"

业务员按照朋友的话做了。后来，这个人成为朋友手下的金牌业务员。

不可否认，这个业务员犯的绝对是严重的错误，有的时候，这种错误甚至会毁掉一个公司，但请注意在谈到问题的严重性之前，他首先称赞他。

这个严重的错误，给朋友造成了很大的损失，但朋友没有直接批评他，而是用委婉的口气对待他。

朋友说："批评是一件很容易的事情，但能够起到作用的批评却很难得。"

人们总喜欢自己的耳朵能接收到来自别人嘴巴里关于自己的世界上最美的语言，在听到来自别人赞赏的语言时，会满足自己的虚荣心，却总是忘记了别人也需要这种语言。

在社交场合中，改变他人最重要的规则是从世界上最美的语言开始，发挥嘴巴的功效，将最美的语言送到别人的耳朵里。

我们总期望从别人的嘴里听到赞赏的语言，却忘记了我们自己也有一张能够说赞赏话的嘴巴。

有一个朋友，总是抱怨婚姻生活平淡如水，毫无波澜，拉着妻子的手，就像是自己的左手拉着右手。以前总是能听到来自妻子的赞赏：你真是一个优秀的老公，知道如何疼爱我……可是，如今，再也听不到妻子的任何赞美，妻子的眼中也没有任何对自己留恋的眼神。

我对他说："你只想听到来自妻子的赞美，你赞美过你的妻子吗？"

朋友恍然大悟。

过了几天，朋友见到我，传递给我一个消息：国庆黄金周他们准备去北戴河度假！

如果朋友继续用"左手拉右手"的方式，能有这样的结果吗？

要想幸福的生活，就要给予对方认可，多看闪光点。

心理学家弗洛伊德说，夫妻之间要做的事情都起源于两种动机：性的冲动和成就伟大的欲望。

记住这句话——性的冲动和成就伟大的欲望，这是非常重要的。

欧·亨利的小说《善良的骗子》中有这样一个故事情节：

小妇人沙利又忙碌了一天，身心疲惫。沙利的丈夫在客厅里对沙利大呼小叫："已经到了吃晚饭的时间了，为什么我在桌上什么都没有看到？"

愤怒的沙利在她的丈夫面前放下一大堆草。她的丈夫质问："你是不是发疯了？"

沙利回答说："啊！我怎么知道你注意了？我为你做了20年的饭，在那么长的时间里，我从未听见一句话让我知道你们吃的不是草！"

读过这本小说的人在复述这个故事的时候，都对这个情节记忆犹新。

美国亚利桑那大学的著名教授琼斯在读完这本小说后写道：

好好地赞赏与你距离最近的人，她做的排骨汤很新鲜，我非常喜欢吃，我这样告诉她："你的排骨汤做得棒极了,我希望不久之后你可以教教我,让我做给你吃。"

这句话让我的妻子非常高兴。

我想说的是,每个人都喜欢被人欣赏和称赞的。

美国著名心理学家梅奥认为,一个正常的成年人,所需要的是——

健康;

食物;

睡眠;

性生活的满足;

自重感。

所有的这些需要差不多都能满足——唯独一种欲望差不多同食物或者睡眠的欲望一样迫切,却常常难以得到满足,这就是——需要别人的欣赏。

弗洛伊德的需求层次论与梅奥的观点,都提到了一点:需要被认可。

需要被认可,不仅仅是人所迫切需要的,包括动物,也需要认可——只是满足的方式不同而已。

安德鲁·卡内基的父亲威尔·卡内基是一位纺织亚麻格子布的纺织工人,母亲玛琪则以缝鞋为副业。

"我成长在一个继承了自豪、自立、自尊光荣传统的家族。"安德鲁·卡内基在自己的回忆录中这样写道。

我的父亲经常在美国东海岸的纽约港的市场上展览他亲自纺织的布匹,父亲作为工人时,曾经得到过6枚奖章——尽管奖章只是一个毫不起眼的用布匹缝制的图案,但我父亲依旧乐此不疲。每次,当有朋友或者客人来访的时候,他就取出这些图案,他抓住一端,让我抓紧另一端,将这些展示给众人看。包括我的母亲，她也经常讲给我一些她在为别人缝鞋时发生的开心事情——他们非常在乎这些微不足道的小事带给他们的被认可感。

正是这样一种被认可感，激发了一个毫不起眼的青年在人生的道路上一步一个脚印，后来管理起一个庞大的企业。

被认可是人性中最深刻的需求。人们对于满足这种人性的需求的渴望程度丝毫不亚于在饥渴时对喝到沁人心脾的可口可乐、饥饿时对吃到可口的肯德基的渴望。

设身处地，你需要别人的认可，别人同样需要来自你的肯定。既然这样，何不找一些理由去认可别人，充当人际沟通的润滑剂呢？

记者拉斯里曾经跟踪报道了得克萨斯州家喻户晓的盗窃案，盗窃案的作案手法非常先进，每一个细节都让得克萨斯州的警察费解。

警方布下天罗地网，终于在一周之后将该小偷捉拿归案。

拉斯里负责全程报道。后来，《得州报》花去整整三版的版面来报道他的作案手法，让市民惊呼：这简直是科学家与小说家的合体。

拉斯里在文章的最后写上这段话：

一个科学家与小说家的结合体！心思如此细密、手法如此科学、风格如此独特的小偷——不，我宁愿称他为科学小说家！如果他不做窃贼，或许从事任何一个行业，都能走进得克萨斯州的名人堂！

十年后，拉斯里接到一个电话：希望你可以观看今晚19时播出的访谈节目。

拉斯里如约坐到电视机前。

电视里一个文质彬彬的人坐在演播室中，拉斯里感觉他的表情很熟悉，但没有想到他是谁。直到主持人说了这句话——十年前，他曾是得克萨斯州家喻户晓的大盗——如今，他已经成为三家饭店的老板。

所有这一切的改变，都来自拉斯里的那段话。

如果没有拉斯里对大盗的认可和期盼，恐怕也就没有如今的事业和成就。不难看出认可对一个人的重要性。

人性渴望被认可，渴望自己在他人心目中占有一个位置，并且位置是越重要越好，这是一种需要被对方欣赏和认可的心态。因此，在人际沟通中，你要想得到对方的认可，那就从满足对方的这种心理需求开始——真诚地欣赏对方。

在家庭生活中同样如此，你身边的人是最需要你欣赏和认可的人——他们是每一天陪你吃饭、睡觉，让你不孤单的人，十几年之后，几十年之后，只有他们能陪伴你左右。

忽略了对身边人的欣赏，是你最大的损失；忽略了让身边人欣赏你，同样是很大的损失。

你需要知道，让你身边的人知道你确实很欣赏她（他），这是保持家庭生活幸福、增进双方感情的有效办法。

"女为悦己者容"，这里的悦己者，就是认可自己和自己认可的人。婚后的生活，让所有的男人忘记了他当初追求她是出于何种动机，让所有的女人忘记了，她当初信任他、崇拜他、依赖他是一种什么样的动力。

真诚地欣赏对方是每个人都能做到的事。因此，对于那些仍然以质疑的口吻说"我一无所有"的朋友，请给予身边人最真诚的、发自内心的认可。认可是一种神奇的力量，能让你生活得更顺畅。

来一招"蒙娜丽莎的微笑"

想要别人喜欢你,和你成为朋友,首先就要对别人微笑,发自内心地真诚地微笑。

中国人好像是一种不会笑的动物。

随着学习、生活、工作压力的增大,中国人脸上的微笑日渐稀少。

白岩松在《你幸福了吗》一书中写道:中国人什么都有了,却唯独缺少幸福感。

英国社会研究学家鲁尔塞到中国旅游了一周,回去之后写道:

中国人好像是一种不会笑的动物,他们严肃的面孔没有让我看到德国人的严谨,反而看到了内心的冷漠。严谨是德国人的代名词,德国人严谨的外表下,掩盖的是一颗充满激情的心脏,而中国人,他们的心脏就像死海一样……

不久前的一项调查显示,超过六成的人从不会主动对陌生人微笑;超过八成的人表示,主动微笑越来越少。但是他们都传递着一个信号——很高兴看到别人的微笑。

微笑是相互传递的,需要一种互动。毫无疑问,微笑传递的是一种幸福感，而这种幸福感是可以"传染"的。

几年前，一位老同学到北京参加投标。作为老朋友，我理所当然要带他到北京的名胜去观光。朋友忙完之后，特地向公司请了三天假。

那天，当我和老朋友刚走出电梯，大厅的保安员看见我，给我敬了一个标准的军礼，并赶在我们的前面，热情地给我们拉开了门。我们出门的时候，保安提醒我们，出行尽量错开上下班高峰，颐和园今天不开放。我微笑着向他点头致意。

晚上回到宾馆的时候，保安又给我们敬了一个标准的军礼，热情地为我们开了电梯。老朋友感到奇怪，问我是不是认识保安。

我摇摇头。朋友更加奇怪了，说："保安不认识你，怎么对你这么热情呢？我住这家宾馆有好几天了，都没有享受他这么热情友好的待遇啊？"

我说的确不认识，朋友有些不相信。

我回过头来认真地想想，确信自己不认识他。可他对我真的很热情，其他客人下楼，进出大门，我没看到他为其他客人如此服务，怎么偏偏对我这么客气呢？我感到奇怪，难道他是认错人了？

这天，我们从楼上下来，保安见我们走出电梯，满脸微笑地接待我们，把门拉好，等着我们。朋友忍不住，对保安开了一句玩笑："你对我朋友的服务这么周到，他不会给你小费了吧？"

保安笑着说，说："不，我们宾馆有规定，拒绝收小费。"

朋友笑着说："那你为什么对我们格外热情？"

保安腼腆地笑了，说："第一次为这位客人服务时，他微笑着看着我，并表示感谢。这让我很开心,乐于为你们服务。"

我突然想了起来,第一次走进宾馆的时候,我遇到了一件很开心的事情,心情很高兴,一直冲着保安微笑。

我没有想到,我这么一个小小的举动,居然让保安这么快乐,并给予我们最好的服务。

面对别人的服务,我们只要用微笑表示认可、感谢,就有可能享受上帝般的待遇,这是物质刺激不能达到的。

我有一个在俄罗斯长大的中国朋友,是个足球迷,2010年南非世界杯时,只身一人去南非看球。

去之前,我提醒他:在经济上,南非是发达国家中的发展中国家;在治安上,南非是发展中国家中的落后国家。言下之意,提醒他,南非的治安很混乱。

他似乎并不在意。

观看南非世界杯期间,不断传来有中国人被抢的消息,我很担心朋友的安全。

一个月之后,朋友安全地从南非回来,我去机场接他。

见到他之后,我问:"看来你长得很安全,没有被抢劫。"

他摇摇头,告诉我他被抢过。

他说,去的第九天,他被抢过,自己当时没有带现金。根据常规思维,我问,他们打你了吗,朋友摇摇头,回答说,没有,因为我一直对他们微笑着。

我说,他们抢劫你,你还对他们微笑?

朋友说:全世界除了妈妈这个词语的发音是通用的语言之外,还有一种语言——微笑。

朋友很聪明,用微笑化解了冲突。

人际沟通的过程中，真诚的微笑传递着一种友善的信号：我喜欢你，你让我快乐，我喜欢看到你。

这就是为什么狗让人喜欢的原因。狗是一种最喜欢"微笑"的动物，见到你的时候，它们会热情地摇动着尾巴，在你的身边打圈圈，蹭来蹭去，由此来表达他们的感情。这种"微笑"是很真诚的，很自然的，因此，我们喜欢看到它们，并用爱心去喂养他们。

出自真诚的微笑才能够打动人，才能够传递友善的信号。

虚情假意的笑是不是也有此功效呢？

美国心理学家雷蒙德经过研究，得出：虚情假意的微笑绝对是骗不了人的，那种笑容是机械、僵硬的，只会让别人看了感觉到厌恶。

表面上看来，动作表现是随着情绪变化而生的，事实上它们两者是相依相存的。需要有技巧地引导我们的情绪，然而情绪都是非意志所能控制的。所以，如果你希望享受到快乐，唯一要做的事就是挺直腰杆，精神抖擞地坐起来，表现出一副快乐的模样。

在人际沟通中，只有发自内心真诚地微笑，才可能在人际关系中引起友善的回响。

微笑是人际沟通中的润滑剂，凡是经常面带微笑的人，往往更能将别人吸引住，会使人感到心情愉快。一个人真诚地微笑往往比语言更能表达出一个人的心理活动。

《奋斗》中露露的哑巴弟弟，他不会说话，却能够用真诚的微笑打动很多电视观众，让人们记住了这个演员——郑恺。

当他向别人微笑的时候是在传递一个信号："我很喜欢你，请不要拘束，有什么就说什么。"这种无声的语言，感染了电视机前的千万观众。微笑这种行为，能胜过任何感动的语言。

然而，现实中的很多人，为了保持自己的威严，板起面孔，冷若冰雪，尤其是一些高管、领导。其实，板起面孔不会让别人更加尊敬你，只会让别人远离你。

不管是谁，都要学会轻松地微笑，因为微笑能使自己放松。

微笑不会让你自降身价，只会让你寻求到更多的快乐。

世界名画《蒙娜丽莎》散发出一种永恒的魅力，吸引着越来越多的人去研究它。

如果你希望别人很高兴见到你，你必须高兴地会见别人。

记住雷蒙德的这句话：

每天早晨外出的时候，抬头挺胸，在阳光下深呼吸，投入全部的精力对朋友微笑。不要觉得对别人微笑是低三下四。在你心中确定你行动的目标，然后，带着微笑，直奔目的地。

人性的缺陷让我们失去了微笑的动力，却不能使我们失去微笑的本能。如果你忘记了微笑，等于浪费了你嘴角的弧度，浪费了脸部肌肉的张弛性。

让对方一开始就说"是"

要实现有效沟通,让对方一开始就说"是"。

在我居住的地方附近,有一家自营书店,书店的地理位置并不太好,主要是以租书为主。书店的主人是一个中学历史教师,视书如命,里面的书主要为历史方面,古今中外的历史资料很全。

这天,我突然想看一下关于英国圈地运动方面的详细资料。于是,我走进了那家书店,准备租来看。

书店的老板听过我的询问之后,表示非常遗憾,他的书店已经不做这种服务了。然后他问我,是否以前向店里租借过。我回答:"是的,在两个月前我还租借过一次。"他提醒我,那时一本书的租金是否在3元到8元之间。我又回答:"是的。"

接下来,他问我是不是个喜欢读书的人,我当然回答:"是的。"

接着,他解释说,他们正好有一本关于圈地运动的史料在销售,里面的资料很详细,总价才20元。也就是说,我只需多付几元钱便不需租借,便可以拥有这本书的资料。他解释说,这就是他们店里不再办理租借的缘故,因为那样太划不来了。

后来,我很高兴地购买了我所需要的资料,并且还购买了额外的其他东西。

从此以后，我成了他们店里的常客。

这个老板很聪明，让我在潜意识里避免说出冰冷的"不"，而他则让我在说"是"的过程中，实现了预期的沟通目的。

人性中，"不"属于逆向心理，当一个人说"不"，并潜意识里有这种意思的时候，他的逆向心理比说一个"不"的反应要大得多：在潜意识的支配下，神经系统和肌肉会收缩，成为一个拒绝的整体。就像是刺猬一样，在接近一个物体时，接收到物体反馈回来的不友好的信号，它就会本能地收拢身体以自卫。

反过来说，一个人说"是"的时候，潜意识里处于一种兴奋的状态，神经系统和肌肉处于前进、接受、开放的形态。这个时候，人潜意识里是一种放松的状态，防御能力大大降低。因此，在开始的时候，我们能引起的"是"越多，我们越容易进行有效沟通。

首先获得"是"的反应，是一种极其简单的方法，然而，这种方法却常常被人忽略。

我的外甥是一个很聪明的孩子，最近他看上了一支价值不菲的玩具狙击枪，他的爸爸妈妈担心他会用枪伤到人，同时，担心因为玩枪会让他有暴力倾向，为此，一直拒绝为孩子购买。

然而，外甥却整天哭闹，甚至通过拒绝上学、拒绝考试的手段进行抗议。

这天，他来我这里玩，又想到了这件事，闹开了。小家伙的心思我很明白，他是寄希望于自己的舅舅身上，希望舅舅能够帮他实现愿望。

下面是我和他对话的过程：

我说：你非常喜欢狙击枪对不对？

他点点头,说:是。

我说:有了狙击枪你就可以在你的小伙伴面前炫耀了,对不对?

他说:是的,俊文也有一把,但是我没有。

我说:俊文的狙击枪是通过自己积攒的零花钱购买的,是不是?

外甥点点头。

我说:这把玩具枪属于计划外的玩具,需要你自己积攒零花钱进行购买。从今天起,你要注意节约用钱,等你通过自己攒的钱购买狙击枪的时候,你在你的小伙伴面前就会更有面子,是不是?

外甥点点头。

此后,他再也没有提过购买狙击枪的事情了。

要实现有效沟通,当你与别人交谈的时候,不要先讨论你不同意的事,而是要强调,同时不断地创造两个人之间的相同点,增加让对方说"是"的机会,而且不停地强调你所同意的事。因为两个人的沟通过程,是在为同一个结论而努力,所以你们的不同之处只在方法,不在目的。

人的逆向心理,使人在说"不"的方面反应很强烈,一旦说出了"不",是最难克服的障碍,一旦说了一个"不"字之后,人本性中的自尊就会迫使人继续坚持下去,增加逆向的可能性。

如何让对方一开始就朝着肯定的方向做出反应,这对你的结果是很重要的。

懂得说话技巧的人,会在一开始就得到许多"是"的答复。

问些对方同意的问题,然后渐渐引导对方进入设定的方向。对方只好继续不断地回答"是",等到他察觉时,两个人之间的沟通已得到设定的结论了。

打消别人不同的意见时，首先要问一些温和的问题——一些能引起别人做出"是"的反应的问题。

很多人认为，人际沟通的过程中，从一开始便提出相反的意见，这样不正好可以显示自己的重要和有主见吗？

但事实并非如此。

人的思维和物体的运动一样，存在着极强的惯性，当朝某一个方向思考问题时，你就会倾向于一直考虑下去，这就是有些人一旦沉醉于某些消极的想法之后，就难以自拔的原因所在。思维的惯性让人在进入一种思维之后，很难能够把持，会不由自主地陷入一种结论中。

在人际沟通中，要懂得并运用这一原理。与人就一些事情讨论时，不要一开始就将双方的分歧摆到桌面上，而应先讨论一些你们有共同观点、相同意见的东西，让对方不断说"是"，让逆的意见转为顺的意见。渐渐地，你开始提出你们存在的分歧，这时对方也会习惯性地说"是"，他的思维倾向于一种惯性，一旦他发现之后，已经很难能够把持，只好继续说下去。

懂得沟通技巧的人，会让对方在开始就说许多"是"，这是最有效的答复。

第二章

高品质的沟通需先交心

人是群居动物，人性使然，注定人类普遍需要关心，儿童急切地展示他所受到的伤害，来获取他人的关心。同样的道理，成年人会急切地叙述他们的疾病，特别是动手术开刀的详情，目的只有一个——获得对方的关心。这是一种自怜，是人性的需要。

把向下的手掌伸向对方

要实现有效沟通,首先要真诚地关心他人。

众所周知,德国是发动两次世界大战的罪魁祸首,所幸的是,德国国民上下能够正确反思这段历史,而且特别重视对孩子爱心的教育。

在孩子刚刚学会走路时,德国家庭会特意为孩子饲养宠物,比如小猫、小狗等,让孩子在亲自照顾小动物的过程中,学会细致入微地关心、爱护小动物。

德国的孩童入学后,会通过勤工俭学的方式赚取零花钱,用来领养动物园里的动物,或捐款拯救濒临灭绝的动物。

对虐待动物的孩子,轻则会对其进行教育、批评,严重的会受到家长的责骂。如果效果不明显,会被送去做心理治疗。因为在德国人看来,这是比学习成绩滑坡更为严重的品德问题。

德国人在这方面的教育绝非是小题大做,越来越多的德国人认识到:只有真心关心动物的孩子,长大后才能真心地关心他人,从而更好地处理好人际关系。

德国人的善良教育已经影响了整个欧洲,甚至整个世界。

这传达着一个信号:沟通好人际关系,需要真心地关心他人。

做一个小测验：

自然而然地伸出你的手，观察你的手掌是向上还是向下？

手掌向上表示"拿来"，一种心理的需求；手掌向下，则表示"给"，代表一种给予。

人性的弱点，让我们习惯于"拿来"，而不喜欢"给"。

人际沟通的场合中，关心他人与其他人际关系的原则一样，必须出于真诚，人的本质是爱的相互存在。被人关心是一种美好的享受，关心他人是一种高尚的品德。

然而，如此简单的道理，往往被我们忽略。

有这样一个故事：

老板给三个员工分别布置了同样的任务："我的头有点疼，你给我找出至少30种治疗头疼的药物资料，尽快拿到我的办公室来。"

这个简单的任务布置下去之后，三个人立刻开始了工作。第一位在办公室里给所有的药店都打了电话，中午的时候告诉老板：治疗头疼的药，市场有50多种。然后将这些药逐一汇报给老板。

第二位员工骑着自行车跑遍了市内的所有药店，临下班时气喘吁吁地出现在老板的办公室里，说："我把市里的药店全问遍了，治疗头疼的药有31种。"然后逐一报出来。

第三位员工也没有上网或给药店打电话，只是简单地跑到附近的药店，给老板买了一盒头疼药。

这里提醒一下，接到任务的时候，他问了一句："您发烧吗？以前有过这种症状吗？"

老板摇摇头。

几天后，第三位员工被提拔为老板的助理。

这位员工只是出自真心的关心，甚至没有完成老板交代的任务，却把握住了升迁的机会。

这就是关心别人的魅力所在。

人是群居动物，人性使然，注定人类普遍需要关心，儿童急切地展示他所受到的伤害，甚至会故意伤害自己，来获取他人的关心。同样的道理，成年人会急切地叙述他们的疾病，特别是动手术开刀的详情，目的只有一个——获得对方的关心。这是一种自怜，是人性的需要。在沟通交际的过程中，你必须先去关心别人，要不然别人怎么会去关心你、对你产生兴趣呢？社交场合中，用尽心机，只是为了引起别人的注意，给别人留下印象，这样不可能交到真心、诚恳的朋友。

雪中送炭比锦上添花更实在，更有影响力。因为雪中送炭是出自真诚的关心，锦上添花则失去了这层意思，还会增加一层巴结的含义，尽管两者付出的代价是相同的，效果却完全不同。雪中送炭交上的是真心的朋友，锦上添花则不具备这种效果。

只有你真正关心他人，才能赢得他人的注意、帮忙与合作，即便是最忙碌的重要人物也不例外。

想结交朋友，首先就要把手掌朝下，要先为别人做些事情——那些需要用心，花费时间、精力、情感的事。

与陌生人成为朋友，最快的方式是关心他，发自内心地关心。

人际交往中，记住别人的生日，记住别人的爱好，偶尔询问别人的住所、工作或对未来、对人生的看法，并真心地帮助别人。

想改善自己的人际关系,就要克服自己人性的缺陷,将"拿来"放到后面,将"给予"放在前面。如果你想让别人手掌向下"给"你,想获得他人的关心与帮助,那你得做到一点:首先把向下的手掌伸到对方面前,去关心他人。一个自私、小气,只懂得让别人关心的人,怎会赢得他人良好的回报?

如果我们想结交朋友,就要先为别人做些事情——那些需要花时间、精力、情感、奉献才能做到的事情。

你需要记住下面的话:

倘若我们的付出只是为了引起别人的注意,想表现自己的能力、展现自己的能力,只是想使别人看到你的能力,而不是去真诚地关心他人,那么你就永远不会有很多真诚的朋友,你也将不会受到他人对你的欢迎。

《士兵突击》中的许三多,能成为老A部队中出色的一员,不是因为他的能力多么突出,而是他懂得真心地关心别人。成才的能力如此突出,却因为只知道表现自己、展现自己,不懂得关心他人,第一次就与老A部队擦肩而过。

你想结交朋友,想让他人喜欢你,那么在你向人表达情意时,一定要热情、真诚。

像装点外在一样装点内心,像关心自己一样关爱他人……

当我们爱别人时，我们就得到了爱

要让别人喜欢你，首先要去真心地喜欢别人。

握手，是人际沟通中常用的方式，初衷是为了向别人表示友好和接纳。握手的礼节起源于中世纪的欧洲。当时是身着戎装的骑士侠客盛行的年代，每一个人都是头顶铜盔，身披铠甲，腰挂一柄利剑，让人敬而远之。

可是见了亲朋好友则不能这般冰冷待人。为此，他们将左手缩在铠甲里，右手解放出来，表示友好。

握手的效果并不一致，不同的握手可以给人完全不同的感受。

习惯常见的握手方式应该是：右手（握手习惯是用右手）向前稍下伸出，迎接对方伸出的手，然后两手虎口接触，手掌紧贴，有力地握住对方伸出的手，小幅度但利索地上下晃动几次。

除了常见的握手形式，还有几种比如指尖式、死鱼式等，但任何一种握手方式，都需要建立在双方都伸出右手的基础上才能完成。即所谓的礼尚往来。

以前的一个同事，进入公司三个月之后，选择离开，我算是和他关系比较好的，理所应当去送送他。

离开的时候，他问我："为什么你们所有的人都不喜欢我？我走了，想听你说实话。"

直来直去的问答，我不知道该怎么说。

"你先回去吧！当面说很别扭，我等会给你信息。"我找了这个托辞。

回头，我在给他的信息中这样说道：

不是大家不喜欢你，是你不喜欢大家。

人与人之间的感情是人类能够进步的基础，也是我们与他人交往的桥梁，更是衡量一个人是否成熟的依据。人际沟通中，最重要的不是别人喜欢不喜欢我们，而是我们值不值得别人喜欢。

走在大街上，一条小狗与你对视的同时，热情地摇了摇尾巴。相信见到这一幕，你也会很高兴，如果能够停下脚步拍拍它的脑袋，相信它会对你表现出更大的热情。它对你摇尾巴，是在告诉你，它是多么喜欢你。你拍拍它的脑袋，同样是传递出这样的信息：我也很喜欢你！

然而，如果你见到一只可爱的小狗，想上去摸摸它，却遭到它的抗议，对你龇牙咧嘴，相信它在表现出这些举动之后，在你心里，它可爱的形象荡然无存。

这是常识，心理学的常识。

生活中，握手的举动需要建立在两只手的基础上才能够实现，友好的氛围同样需要彼此共同的努力才能够实现。

你想让别人喜欢你，对你感兴趣，首先需要你喜欢别人，对别人感兴趣。如果你喜欢周围的人，相信短短的几个月的时间内，你会结交身边所有的朋友。

然而，很多人一直都在用错误的方式与别人交往——除非你伸出你的右手，否则我们就没有可能握手。

当然，这肯定是行不通的。

人们不会去喜欢你，也不会去喜欢我，他们只会喜欢喜欢他们的人，喜欢与喜欢他们的人握手。

当你看到一张集体照片时，你首先要在照片中寻找的人是谁？

"我！"

"其次呢？"

其次是照片中的夸奖我好看的人，我会主动去寻找别人所在的位置，同时会赐予一段同性质的话——更多的是赞扬的话。

如果我们只想让别人喜欢我，我们将永远不会有真正的朋友。

心理学家亚德罗在他的著作《生活对你的意义》一书中写过这样的话：

不喜欢别人的人，在生活中遇到的困难最大，对别人的损害也最大。人类的所有失败，都发生在这类人之间。

在竞选总统之前，林肯是一个普通的律师。

有一次林肯负责一个棘手的案子，他的对手是高级律师道格拉斯，曾经为很多人成功地辩护过。林肯处于被动，他想得知对方的一些证据，于是主动和道格拉斯套近乎。

道格拉斯毫不留情地嘲笑他："你的脸真够长的，一分为二的话，前后面都能遮住。"说这句话的意思是嘲笑他是个两面派。

林肯回答说："要是我有另一副面孔的话，我还会戴这副难看的面孔吗？"

道格拉斯冷笑了几下。

林肯说："如果我有你的这副面孔，我想当总统的愿望早就实现了。"

这句话成功地拉近了两个人的距离，通过短暂的交谈，林肯基本掌握了对手的情况。

最终，林肯成功地赢了这件官司。

林肯真诚地向他人求教，表达了对对方的喜欢，从而为自己争取了有利条件。这正是林肯受欢迎的一个秘诀。

竞选总统时，林肯作为共和党的候选人，与民主党的卡特赖特进行激烈的竞争。

卡特赖特是位牧师。为了战胜林肯，他利用自己的有利地位，大肆攻击林肯不承认耶稣，甚至诬蔑过耶稣是"私生子"的事情，导致林肯在美国公民中的威信大大降低。

林肯成竹在胸，决心挫败对手。

这天，林肯获悉卡特赖特又要在教堂作布道演讲了，就按时走进教堂，虔诚地坐在显眼的位置上。卡特赖特一走进教堂，便认出了林肯，心里一阵窃喜，认为羞辱林肯的机会来了。

卡特赖特的演讲进行得很顺利，进入高潮时，他突然对信徒们说："愿意把心献给上帝，想进天堂的人请站起来！"

信徒全都站了起来，唯独林肯没站。

"请坐下！"卡特赖特接着说："所有不愿下地狱的人站起来吧！"教徒们又霍然站起。林肯又未站起。

这时，卡特赖特用特有的威严而又充满挑衅的声调问："大家都愿意把自己献给上帝而进入天堂，我又看到除一人例外——他就是大名鼎鼎的林肯先生，两次都没有做出反应。林肯先生，你到底要到哪里去？"

林肯从容地站起来，面对卡特赖特平静地说："我是以一个耶稣的信徒的身份来这儿的，没料到卡特赖特教友竟单独点了我的名，不胜荣幸。我认为：卡特赖特教友提出的问题都是很重要的，但我感到可以和其他人一样回答问题。他直截了当地问我要到哪里去，我愿用同样坦率的话回答：'我要到国会去。'"

接着，林肯诚恳地说道："耶稣在布道时，告诉虔诚的信徒们，'当我们爱别人时，我们就得到了爱'，这一直是我人生的信条。"

在场的教徒们被林肯雄辩风趣的语言征服了，甚至忘记了自己身处教堂而热烈地鼓掌。卡特赖特望着这场面，十分狼狈。

尊重别人的意见

尊重别人的意见，切勿直接对对方说："你错了！"

去年发生的一件事，给我留下很深的印象：

周末，我和妻子去她父母家吃饭。正在吃饭的时候，我谈到一条高速公路的修建又中断了，我说："真是不给力。"

但岳父的反应则很高兴，说："那条高速路根本不该修，它破坏了很多珍贵的古迹。"

考虑到修建高速公路之后，我每天上下班就会方便很多，没有这条高速公路，我上班需要花一个多小时。想到这里，我说："那条高速路即便不该修，也必不可少，因为现在汽车数量是十年前的四倍之多。"

岳父又补了一句："你们这种想法，就是典型的小农思想，只考虑节省行车时间，完全不顾传统文化的继承和发扬。"

我顿时失去了耐心，说："你们这代人，思想太保守，往往会阻碍现代化的发展。"

我刚刚说完这句话，岳父"霍"地站起，说："我想你没必要在一个思想保守、阻碍时代进步的人家里吃饭吧？"说完转身而去。

我很后悔我当时的反应。

我真愿这件事从未发生，如果我知道这话题对他如此敏感，我完全可以换种说法，避免这场不快。当时，我只需要保留自己的意见，就完全可以避免冲突。

后来的结果，我花了一千多块钱，买了六瓶好酒，登门谢罪。

无论在何种情况下，尊重别人的意见既是个人修养的体现，也是有效沟通的手段。至少，没有因为与别人的意见相冲突而发生争论，浪费不必要的时间和精力。

比如，同事问她新买的衣服怎么样，你首先要做的是肯定这件衣服，尽管实际上根本就不是很适合她。从表面上看，她是在征求你的意见，实则是在让你肯定她的选择。

你可以说"这件衣服很潮，你在哪里买的？我也想去买一件"之类的，表示尊重的意见。

你的话，或者说你的响应会让她很有成就感，心里很舒服，当然，也就会与你保持好的关系。如果你发表意见，表示衣服不适合她，或者衣服不怎么样的时候，她的心里会很反感，弄不好会在背后说你没有眼光，不懂得欣赏。

有一次，市领导到公司参观。领导吩咐公司内部人员都要穿工作服，平时很多办公人员都没有穿。为了完成这个事情，老总还下了命令。

然而，有一个同事却忘记了。这天，领导来检查的时候他没有穿。

老总以责备的口吻说："你为什么没有穿？"

同事说："工作服很难看。"

很显然，这句话在无形中已经触犯了领导的权威。这句话一出，领导的脸就阴下来了。

同事当时完全可以说疏忽了或者忘记了，而不是说"工作服很难看，我不想穿",这是直接否定领导的权威,不尊重领导的建议。

后果是什么?大家可想而知。

需要补充一下,上面提到的同事征求的着装如何的问题。

即便她否定自己,你也不能表示否定。

比如,"我觉得我昨天刚买的这件衣服丑死了,领口太宽、颜色不鲜艳,你看呢?"

这个时候,你不能尊重她的意见了,而是要否定她的意见,你可以说:"我并不这么认为,衣服好不好看,不是衣服本身能够决定的,而是由穿衣服的人决定,我倒是觉得你穿着很好看。"

这句看似恭维的话,会起到很积极的作用。

人际沟通中,当你的意见与对方出现分歧时,你是坚持自己的意见、否定别人的意见,还是考虑一下他人的想法?

人性是自私的,对于与自己潜意识里相冲突的东西,首先想的是"杀死"对方与自己相冲突的部分。这种人性潜意识里的缺陷,对人际沟通往往产生不利的影响。

在日常交流沟通的过程中,很多人在人性的示意下,往往会优先选择前者,尤其是一些身居高位者,在面子心理的支配下,容易否定别人的意见,肯定自己的意见。

然而,这种否定他人、肯定自己的行为,一方面于己不利,因为如果他人的意见对了,可是你没听取,那你就得不到正确的信息,也无法获得正确的结果;另一方面,则会直接伤害他人,因为你不尊重他人的意见,也就伤害了他人的自尊心,造成人际关系上的负面影响。

因此，在面对冲突的时候，首先要明白，几乎在所有意见冲突的场合，双方论点都有某些合理之处。在"没有赢家的争论"中，尊重别人的意见是一种优雅的退却。

一种有效地避免僵局的策略就是向对方说"言之有理"，然后转向一个较安全的话题。

最有效的方法是尊重别人的意见。

每一种意见背后，都有它的支持点。了解别人的想法，你会获益很大。你的意见有你的理由，别人的意见同样有自己的支持点。

在听到别人的意见时，人们第一个反应常常是"评断正确与否"，而不是"了解"。

也就是说，每当有人表达出感受、态度或是意见时，我们通常会根据自己的意见果断地做出判断"这是错误的""这种观点太荒谬了""毫无道理"……却很少要自己去了解别人意见的支持点。

站在对方的立场上，如果我们的意见被别人全盘否定了，会使我们迁怒对方，更固执己见。然后，我们会寻找各种理由支持自己的意见，维护自己的意见。这不是我们的意见有多么珍贵，而是我们的权威、自尊心受到了威胁。

听到别人的意见时，首先要对别人的意见表示尊重，千万别说"你错了"。

尊重别人的意见不仅是对对方的尊重，更是自己修养的一种体现。

相反，如果你过于直率地指出别人的错误，再好的意见也不会被人接受，甚至会受到很大的伤害。

在我眼里，你很重要

实现有效沟通，需要时时让别人感到自己很重要。

一个做企业的朋友曾经和我说过这样一件事：

几年前，因为业务发展的需要，企业准备在泰国设立一个子公司。几年的发展，公司的实力突飞猛进。在国家政策的扶持下，企业有足够的经济实力向海外扩展。

拓展业务的事情有条不紊地进行着。公司的拓展计划策划案的策划人李主任主动提出前往，他认为这是一个很好的机遇。如果发展子公司的计划成功了，他便是企业海外发展第一人，即便是失败了，他也不会有任何损失，还可以回到原职位。但企业已经内定了业务部的一把手。

为了将这个不受欢迎的消息告诉李主任又不至于触怒他，企业将这件棘手的事情交给了朋友。

"当企业着手进行这个策划方案时，首先确定的人选是你，这也是选你做这个策划案的最重要的原因。但是，企业领导层在后来具体商议这件事时，觉得你的离开会导致公司的策划部失去节奏，同时，也会有很多人觉得奇怪，怎么能将你派过去……"朋友像聊天一样，将这个不受欢迎的消息传达给李主任。

朋友很聪明。

你看出其中的暗示了吗？朋友简直就是直接告诉李主任，你太重要了，公司的策划部离不开你，所以李主任同意了，不再有想法和异议。

朋友很精明、世故、圆滑。他遵守了有效沟通中的一条重要原则：永远使对方感觉到自己很重要。

人性最本质的驱动力是——希望自己是重要的，人性本质中最基础的需求是——渴望得到他人的肯定。

正是人性最本质的驱动力、最基础的需求，使人类有别于其他动物，使人类的世界不断发展，不断进步。

美国历史上最伟大的总统之一罗斯福说：当你与他人交谈时，要假设他在额头上写了这几个字：让我有受重视的感觉。这是我在12年的总统生涯中最重要的经验之一。

从人性的角度来说，人人都希望自己成为主角，成为最重要的那一个。使每一个与之接触的人有受重视的感觉，将会极大地满足对方的自尊心和虚荣心，当你满足了对方的自尊心和虚荣心，对方自然会从主观上对你产生好感。

当你想让别人觉得他很重要时，你必须表现出来，通过表现出来，才能得到对方的响应。让对方感觉到自己的重要性，你自己必须以诚恳的态度来表示，使对方真心感受到你的诚意。

美国推销员吉拉德先生曾经受聘于福特汽车公司做销售经理。

这天，福特汽车的展示中心走进来一位其貌不扬的老太太。

一个业务员接待了她，她走进福特展示中心，业务员看她开着老旧的车子，便断定她买不起新车，东张西望地敷衍着，吉拉德断定这位业务员看不起这个老妇人。

果然，一会儿之后，老妇人摆摆手，示意要走。

吉拉德赶紧走上去，他的目的很简单，就是给刚刚那位业务员上一堂课。

走上去之后，他发现刚刚那位女士没有离开，在观看中心展示的一辆黄色轿车。吉拉德走上前去，礼貌地接待了她。那位女士说："今天是我的生日，我想买辆车作为生日礼物。"

吉拉德说："请允许我告退一分钟，马上回来。"

吉拉德跑到自己的办公室，从花盘里取走一朵玫瑰花，让刚刚的业务员礼貌地送给这位女士，祝贺她"生日快乐"。

看得出来，当时她真的太讶异、太意外了。

后来，这位女士购买了一辆黄色轿车。

聪明的吉拉德看到这位女士身上散发着无形的讯号——让我感觉自己很重要！而他所表现的，就是让这位女士感觉"自己很重要、很受礼遇"。

同时，吉拉德给自己的业务员上了一堂生动的教育课。

人的价值感，是通过获得别人的肯定、赞美而来；只要让对方感觉自己很重要，对方也会善意地给我们正面的回馈。

为了节省开支，我决定给公司的员工提供午餐，当然，这需要找一位厨师。偏偏很不巧，我的母亲推荐了她的一位老姐妹，并一再强调，她的烹饪非常有水平。其实，我一直都不愿意这种情况出现，因为这是一件很难管理的事情。

这个厨师做饭并不认真，员工反映伙食很不对胃口。确认之后，我认为她的烹饪水平确实不错，只是因为她不重视自己的工作。

后来，我想了一个办法，既没有增加对她的开支，也没有减少她的工作量,而是将一间盛放杂物的房间整理出来,给她安排了一间办公室,里面放置了很多的菜谱和书籍,门上写着她的名字和头衔——后勤部主任。

她不再是一个做饭、打扫卫生的保姆了——现在,她是后勤部的主任。

她觉得自己很威风、得到承认、受到重视,从此,她工作的态度变得很认真,经常可以看到她认真地研究菜谱,饭菜的口味也越来越好。

很孩子气吗?或许是的。

在沟通交际中,差不多你所遇见的每一个人都自以为在某些地方比你优秀。所以,要打动他们内心的最好方法,就是巧妙地再现"你认为他们很重要"。

当你在职场忙碌的时候,你是否期望你的领导从你身边路过时,拍拍你的肩,鼓励你一下?当你跟领导在某处不期而遇时,你是否期望你的领导主动对你微笑,关心你一下?

答案当然是肯定的。

人性的基本需求是期望自己受到重视。

你需要,别人也需要。

如果你能够做一些很简单的事情,比如,问你身边的人一些关于他们自己的事情,并且表现出很大的兴趣,这样别人心里面就会感觉自己受到重视,感觉他在你心中比较重要,他也就会喜欢你这个人。

摆脱第一印象，重新认识对方

人际交往中，无意中的一个粗俗的举止，便会让你的形象大打折扣；一个善意的举动，便能让你光彩倍增，在别人心中留下良好的印象。

先来说一个事情：

某天，我和几个朋友一起去饭店吃饭，其间朋友对漂亮的女服务员产生了兴趣。

他说："以后找老婆，一定要找个漂亮的，只有漂亮的女人具有非凡的智慧和高贵的品格。"

朋友的这种"只有漂亮的女人具有非凡的智慧和高贵的品格"的心理属于典型的晕轮效应。

在说起晕轮效应之前，先来说一个大文豪普希金的故事：

普希金是俄国著名的文学家，因晕轮效应的作用吃了大苦头。

普希金狂热地爱上了被称为"莫斯科第一美人"的娜坦丽，娜坦丽容貌惊人，在普希金看来，一个容貌漂亮的女人也必然有非凡的智慧和高贵的品格。为此，他花了三年的时间去追求娜坦丽。

娜坦丽的美貌让人如痴如醉，但智慧和品格方面，却与普希金的希望相差很远。当普希金每次把写好的诗读给她听时，她总是捂着耳朵说："不要听！不要听！"相反，她总是要普希金陪她游乐，出席一些豪华的晚会、舞会。普希金为此丢下创作，弄得债台高筑，最后还为她决斗而死，使一颗文学巨星过早地陨落。

普希金的离去被很多人定义为红颜祸水，但主要责任却要归咎于人心。

人心有这样一种倾向：通过一个很小甚至微不足道的环节来主观地形成对整个事情、整个事物或者整个人的评价。

这有点以偏概全的意思，就是看一个人的外貌，然后判断他是好人还是坏人。

美容市场上有"一白遮百丑"的说法，由此形成了一个巨大的美白市场。可见，晕轮效应在生活中广泛存在。

再来说一个发生在我身边的案例：

去朋友的公司办点事，看到朋友拿着一张纸，赞不绝口。

朋友说："今天我面试了一个小伙子，字写得非常漂亮，在现代纸笔被电脑代替的办公室里，能把字写这么好的人，一定是个思路清晰、办事果断、认真、有条理的人，我准备凭这一点就录用他。"

我没有直接否定他的看法，而是给他讲了普希金的故事。

讲完之后，他说："是啊，不能因为字写得好就判断一个人，我还要综合评定一下。"

人际沟通中，晕轮效应不仅仅表现在通常的以貌取人上，我们还常常通过一个人的穿着打扮去判断别人的地位、性格，以初步言谈断定他人的才能与品德等。

这种效应通过他人的传递，产生的效果更强。

比如，别人向你介绍一个陌生人时，表达了他的一些看法，这些看法就成为你判断他人的主要依据。在你的心中，较长一段时期内，容易被这种依据所左右。

一个人如果被标明是好的，他会被一种积极肯定的光环笼罩，并被赋予一切都好的品质；如果一个人被标明是坏的，他就被一种消极否定的光环所笼罩，并被认为具有各种坏品质。

人的内心深处总是认为人的相貌与品质之间有着内在联系，这种内在联系表现为正比例关系。

比如说，长相比较好看的人往往会比较亲切友好、富于幽默感、肯帮助别人、容易相处；而长相不好看的人会被认为心肠恶毒、冷漠、孤独，甚至会被戴上罪犯的帽子。

这样，某人只要有了面相的一个核心特征，我们就会自然而然地去补足其他有关联的特征。这种心理是错误的，错误在于：它容易抓住个别特征，以个别推及一般，就像盲人摸象一样，以点代面；将一些并无必然联系的个性或外貌特征联系在一起，将这种特征推及至另一种特征，并且推及得非常果断；对事物全盘否定或者肯定。

这种心理上的弱点容易把人带入错误的领域，因此，要避免和克服这种戴着有色眼镜去判断对方的心理效应。

要实现有效沟通，首先要避免把自己的某些心理特点附加给对方。以点代面的投射倾向，往往是不自觉的，我们在与人交往时，如果没有清醒地、理智地进行认识，就很可能产生各种偏见。

很多场合中，第一印象一旦形成，以后的信息常常只扮演补充和解释的角色。

  因此，我们对待第一印象，首先一定要冷静、客观，思想上要具备改变甚至否定第一印象的准备。

  其次，不要按照预先了解的特性将人分为不同种类：这是一种类化作用。

  比如，我们常常会根据某一类人普遍的特征进行归类，教师是"知书达理"，商人则是"唯利是图"，等等。

  再次，要深入研究，不要以貌取人。在认识他人的问题上不应该受限于表象，而是注重了解对方心理、行为等深层特质。

  最后，晕轮效应属于心理认知上的缺陷，在尽量避免自己的心理缺陷的同时，也应该恰当利用来提高自己的人际关系。比如说，与人沟通的过程中，你对人有礼貌，即便你某些方面并不尽如人意，别人也会对你产生好感。在面试工作时，你就更应该巧妙地运用晕轮效应，把良好的第一印象展现在别人面前，将自身的一些优势恰到好处地展现出来，给对方留下一个深刻的印象，从而得到对方的赏识。

  人性的缺陷告诉我们，在沟通的过程中，要克服自己不要被别人的晕轮效应所影响，同时要有效利用晕轮效应为自己所用。

你有疑心病吗？

具有疑心病的人，在人际交往中，总是虚构一些因果关系去解释别人为什么会有这样的举止言谈。如，有位妇女见到别人小声交谈，就认为是在议论她。这种心理往往会带来社交恐惧症。

说一个几年前的事情吧！

几年前，两个老同学过来玩，我去接他们。遇到老友的第一天，我就遇到了尴尬。

和老友从他们入住的旅馆出来，迎面碰到了一个漂亮的小姐，小姐的裤子拉链不知因为什么原因开了。我凑近左边的同学耳朵，"你看这位小姐的拉链，是不是很搞笑？"

我和同学会心一笑。上车的时候，我故意回头看了一下，发现那个小姐在自己的身上上瞅下瞅，并拿出小镜子照来照去。我想，她是受到了我们的暗示。

一路上，另外一个同学的情绪一直不是很高，而且说话的口气也不是很好。无奈，只好早早地送他们回酒店。

吃饭的时候，那个同学问："今天出门的时候，你们两个嘟囔了一句什么啊？我可是猜了一整天了，有什么话不能当面说吗？"

此时我才意识到，早晨出门的一句话，让他疑心了一整天。

谁的错呢？

每个时代都有一种流行性的传染病。现代文明社会的流行性"传染病"除了浮躁、精神崩溃之外，还有一种最为常见的——疑心病。

我们生活在节奏快、浮躁情绪泛滥的文明社会里，我们的身心常常有不能维系的危险。就像一辆豪华的汽车，尽管发动机、排气管都是最先进的，但因为使用率太高、动力的来源不纯等问题，在过多的行驶中，出现意外是不足为奇的。

因此，许多优秀的人才，在紧张的生活中变得神经兮兮，多愁善感等一些复杂情绪的出现，一点也不足为奇。

疑心病的表现有两种：一是对别人疑心；二是对自己疑心。

对别人疑心，多半是内心出于安全感的考虑，情绪中感觉受到了威胁，出于自我保护的目的，对别人的行为、语言充满好奇，这种好奇多半是一些消极的情感。好比站在一个旋转的风扇下面，总担心风扇会掉下来，砸到自己或者伤害到自己。尽管风扇确实很安全，但潜意识中依然有这种担忧。

对自己疑心，是一种不自信，做事情之前情绪波动大，呈现无规律的情绪变化，是一种对自己不自信的最直接的体现。比如，尽管风扇在正常运转，但依然担心自己会受到伤害，因为自身的原因而受到突如其来的伤害，这是一种对自己的不自信的情感。

因此，当一个人的情感过于复杂时，他的神经会被一种潜意识中的情绪所影响。这种影响也就是这样的，而其原因与治疗的方式则大不相同。

爱因斯坦曾经写过一篇《人是为了别人而活着》的文章，如下：

我们在这个世界上的处境是奇怪的：每个人，都是来做一次短暂的访问，不知道是为了什么。不过有时似乎也会觉察到有某种目的。

但是，从平日的生活来看，有一件事情我们是很清楚的：我们是为别人而活，最重要的是为了这些人活：他们的笑容和幸福构成了我们快乐的源泉。同时，我们活着还为了另外无数个不相识的生命，怜悯之心，将我们同他们的命运联系起来。每天，很多次，我都会意识到我的肉体生活和精神生活很大程度上是建立在那些活着的和死去的人们的工作之上的，意识到我必须诚挚地、竭尽全力地努力去回报我所得到的东西。我经常心绪不宁，感觉自己从别人的工作里承袭了太多，这种感觉让我惴惴不安。

总体上，在我看来，从客观的角度，没完没了地思考自己为什么会存在，或者是生命有什么意义，是非常愚蠢的行为。不过，每个人都有一些理想，来指引着自己的抱负和辨别是非。始终在我面前闪耀着光芒的，并且让我充满活着的喜悦理想的，是善、美和真理。对我来说，以舒适和享乐为目标的生活从来没有吸引力。以这些目标为基础建立起来的一套伦理观点只能满足一群牲畜的需要。

疑心病的原因是很复杂的，各种各样的，更多的是属于心理层面的，比如，抱怨对自己的不公平，嫉恨别人比自己强，要求自己或他人的所作所为十全十美等，而在所有疑心病的症状中，不自信是主要原因。

找到了病源，我们也就找到了克服疑心病的方法——疑心病是可以治愈的。

彻底治疗疑心病，首先从心理方面来说，要将心态调整到自信、积极、乐观的状态中，只有自信、积极、乐观的状态才能使人正确地看待周围的事物，才不会在潜意识里产生消极的情绪。

其次，要学会用客观的、实事求是的唯物主义观点看待周围的人、物以及自己，要以客观事实材料为依据，切忌胡思乱想、主观主义，就是用客观的、实事求是的唯物主义观点看待周围的人、物。

同时，需要学会运用积极的心理暗示。疑心病和心理暗示的情绪有关，心理暗示是指通过视觉、听觉、嗅觉、味觉、触觉等五种感官因素，给予心理暗示或刺激，属于心理活动中的意识思想与潜意识行动部分之间的沟通媒介。心理暗示会告诉你注意什么、追求什么和怎样行动，因而它能支配影响你的行为，这是人心理层面拥有的一个看不见的法宝。

简而言之，心理暗示就是一个人把上述影响作为信念，在心理上尽力趋向于这一方面。

这种心理暗示可以来自他人，也可以来自自己。来自自己的，在心理学上叫"自我暗示"。根据暗示的效果，可以将自我暗示分为积极暗示和消极暗示。积极暗示可以使人增添信心，精神振奋；消极暗示可以使人忧心多虑，疑神疑鬼。而疑心病就是一种消极的暗示，是一种不健康的心理。

在与人沟通交际的过程中，只要学会利用积极的自我心理暗示，即人们常说的"自我感觉良好"这种积极心理，就不会出现疑心病这种不正常的心理状态了。

第三章
高品质沟通是讲智慧的

在社交场合中，想要充分运用自己的智慧，进行高品质沟通，需要我们时刻在自己的内心放置一面镜子，对照自己就知道什么地方需要保持，什么地方需要改进。从生活中的细节做起，让"照镜子"成为一种习惯。

你是什么样的人，就说什么样的话

正确的自我认识，可以带来良好的人际交往。错误的自我认识，会妨碍正常的人际交往，甚至会带来社交恐惧。太多的障眼法，容易把人的关注力分散。我们需要扫除障碍，还原真实的自己，才能实行更好的人际沟通。

有一次，我外出旅游，是中午12点半的航班，这个时候是很多人午休的时间。百无聊赖，我拿出一本杂志消遣，看到杂志上有一句话：在公共汽车上，你会发现这样一种现象，一个人张大嘴打了个哈欠，他周围会有几个人也忍不住打了哈欠。

我觉得很好玩，恰在此时，我不由自主地打了一个哈欠，让我意外的是，身边的妻子和右边的一位男士，也不约而同地打起了哈欠。

我很吃惊：打哈欠是会传染的。

打哈欠的行为，心理学上叫自我知觉，在这个过程中，人非常容易受到来自外界信息的暗示，从而出现自我知觉的偏差。

简单地说，医生站在病人的床前，会给人一种压迫感；考试的时候，老师站在你的身边，会让你觉得被人监视。

心理学家伯特伦·福勒曾经做过这样一个实验：

他给不同血型的人做完多项人格调查表后，拿出两份结果让不同血型的参加者判断哪一份更贴近自己的性格特征。事实上，一份是参加者自己对自己的测试结果，另一份是多数人的回答平均起来的结果。参加者竟然认为后者更准确地表达了自己的人格特征。

这就是巴纳姆心理效应。

社交场合中，更多的人更愿意相信一个笼统的、一般性的概念。即使这种描述都是笼统、概括的语言，他仍然坚持认为反映了自己的人格面貌。

这些笼统、概括的语言，其实是一顶套在谁头上都合适的帽子。只是，在你的潜意识里，这顶套在谁头上都合适的帽子，因为你的心理作用，成为最适合你的帽子。

生活中，很多人爱好研究星座、血型、属相等对人的命运及性格的影响。当他们根据自己的血型、星座、属相，参照相关介绍后，都认为说得"很准"。其实，这些看到介绍的人，本身就有易受暗示的特点。比如，当他看到一把椅子后，不会想到自己的屁股是否适合这个椅子的尺寸大小，而是以椅子的大小尺寸来衡量自己的屁股。即便是身体很胖的人，也会在潜意识里将自己的屁股缩小尺寸，满足这把椅子。他在看到关于血型、属相、星座的介绍后，会将这些介绍融入自己的性格中，即便一大段无关痛痒的话中只有一句切中你想表达的话，都会觉得说得"很准"。

这种"参照帽子去想象脑袋的尺寸"的心理，令许多可以成为优势的能力没有发挥出来，同时你也有一些缺点容易被你视而不见。

举个简单的事例：当你看到一位女士穿着一条非常性感、漂亮的裙子，从你的面前走过，你通常会认真地记下这条裙子的颜色及样式，同时，心中会考量这种裙子穿在你的身上，会一样漂亮，甚至更漂亮。事实上，性感、漂亮的裙子，并非适合每一位爱美的女士。

再比如，一个打扮时髦却唯独臀部有一块"不和谐"的"景观"的女人从你面前走过，这里的"不和谐"可能是衣服上留下一块水印或者脏物，这最大的原因可能是疏忽。这个时候，你会情不自禁地摸摸自己屁股相同的部位，甚至会急切地找到一面镜子，求证自己的衣服上有没有类似的不和谐的水印或者脏物。

事实情况是：其实别人谁也不能做你的镜子，只有自己才是自己的镜子。拿别人做镜子，白痴或许会把自己照成天才的。

人际交往中，避免巴纳姆效应，需要能够正确地认识自己、面对自己。

认识自己，不是了解自己的姓名、身高，而是深层次的真实的自己。不要很有胆量地拍拍胸脯，说："我非常了解自己。"

如果这样的话，进行一个小小的测试：

闭上眼睛，回答"你的食指和无名指哪个长？"

一个简单的生理结构的问题，居然有高达九成的人的回答是错误的。

你无法准确地说出你的无名指与食指哪个更长一些。

再进行一个情商的测试题目：

当一个落水昏迷的女人被救起后，她醒来发现自己一丝不挂时，第一个反应会是捂住什么？答案是尖叫一声，然后用双手捂着自己的眼睛。

认识自己、面对自己，从人性的角度来说，不能认识自己，不敢面对自己，是将自己掩盖的心理。这种掩盖更多的是出于心理"缺陷"，就好比食指和无名指哪个长，落水女人捂住眼睛，这两种结果实际上是一种心理上的"掩盖"。因此，**要认识自己，首先需要正确地面对自己。**

社交场合中，认识自己、面对自己，要具备收集信息的能力和敏锐的判断力。可喜的是，人天生就具有明智和审慎的判断力。判断力是在足够的信息基础上进行决策的能力，信息对于判断的支持作用不容忽视，没有一定程度的信息收集，很难做出明智的决断。

有一句话说："谎言说了三遍，就会变成真理。"只要你具备足够程度的信息收集，就能够揭穿谎言。比如，我们听到"三个臭皮匠，赛过诸葛亮"，初听到这句话时，会替诸葛亮惋惜，同时会感叹人多力量大，但只要你具备较强的判断能力，你会知道：臭皮匠与诸葛亮之间不是简单的加法关系，臭皮匠永远都是臭皮匠，即便一千个臭皮匠，也无法赛过一个诸葛亮。

古语云：以人为镜，可以明得失。即通过与自己身边的人在各方面的比较，来认识自己。这里，比较的对象至关重要。在比较的时候，你不能拿自己的优点去比较别人的缺点，也不能拿自己的缺点去比较别人的优点，如，你不能和光头比较谁的头发多，不能和美国人比说普通话。要根据自己的实际情况，选择条件相当的人做比较，找出自己在群体中的合适位置，这样认识自己，才比较客观。

再次，可以通过决定命运的重大事件来认识自己、了解自己。"沧海横流，方显英雄本色"，在重大事件中获得的经验和教训可以提供了解自己个性、能力的信息，从中发现自己的长处和不足。越是在决定命运的关键时刻，就越能反映一个人的真实面目。

有句话说：成功时认识自己，失败时认识朋友。

这句话固然有道理，但终究，我们认识的都是自己。不管何时，我们都应坚持一分为二的观点，发挥自己的长处和优点，也要认清自己的短处与不足。这样在人际交往中才会游刃有余。

先肯定自己，再对话他人

要实现有效沟通，一定要养成欣赏自己与肯定自己的能力。从现在起，学习欣赏自己的优点和长处。强大的人不一定是胜利者，但胜利者一定是充满自信的人。

先来说一个我个人的经历：

三年前，我的经济状况开始好转，积蓄了一笔钱，想提高生活质量，买一辆车代步成了我的首选。

在购买何种牌子的汽车上，我做了专门的调查，我想自己的车子是与众不同的：桑塔纳3000是上海的出租车；现代是北京的出租车；起亚是广州的出租车；捷达是东北的出租车。

经过研究对比，我觉得雪铁龙比较好。

在颜色的选择上，我同样进行了一段时间的评估。我决定买一辆巴赫蓝的中型轿车。当时，我的印象是，一般人的车都买代表理智的水晶银白色或碳晶黑色，而巴赫蓝则代表着一种海一样宽广的胸怀。因此，我认为自己的选择很独特，而且很有品位。

正在为自己能买到一辆与众不同的车而沾沾自喜的时候，我突然发现：不论是高速公路上，还是小巷子里，甚至在我办公的大楼的停车场中，都看到许多和我同型，而且是巴赫蓝的轿车。

我开始觉得奇怪，甚至有点失落的感觉，感觉自己以前的研究都白费了。为什么大家突然间都开始买雪铁龙巴赫蓝色的车呢？

再来说一件事：

我的一个朋友，喜欢追逐潮流。夏天来了，他开始在自己要设计哪种发型上动脑筋。

后来，他突然想到了几年前追逐贝克·汉姆时剃的光头。他兴冲冲地跑到理发店，剃了一个油光锃亮的光头，并乐滋滋地向我们炫耀。

然而，两天后，他不再那么兴奋了。

他说："现在的年轻人真是特爱追逐潮流，之前从来没有发现过光头，可是自从我剃光头之后，在什么地方都能发现光头。昨天，去家乐福购物，短短的两个小时就看到5个光头，怎么突然之间有那么多光头呢？"

后来，才了解到这种现象在心理学上叫"视网膜效应"。

视网膜效应，简单来说，当我们自己具备一件东西或拥有某一项特征时，心理作用会让我们在潜意识里比平常人更会注意到别人是否跟我们一样具备这种特征。

著名教育家卡耐基先生经过研究发现，每个人的特质中大约有90%是长处或优点，而余下的10%左右是我们的缺点。当一个人经由别人提点或者通过自己了解了自己的缺点，他只知道自己的缺点是什么，眼中只能注意到自己的缺点，而忘记去发掘优点时，"视网膜效应"就会让这个人在潜意识的支配下，以极其细微的目光发现他身边也有许多人拥有类似的缺点，这导致他的人际关系无法改善，生活也不快乐。

我所在公司新调过来的上司是一个脾气火暴的人，经常责备我们工作效率低下，批评我们，教训我们，尽管很多场合中，他一再强调自己是个性格温厚的人，但在我们看来，他就是一个"暴君"。

在他批评、教训我们的时候，总是避免自己出现我们的情况。但这些并没有使我们部门的绩效高于其他的部门。

这是因为，他只盯住缺点，试图改变缺点，却完全忘记发挥自己的优点。

成功学中有一句话：改变缺点不能导致成功，发挥优点才可以导致成功。

在法国，有一个年轻人，痴迷绘画，他发誓要提高自己的绘画水平，画出让所有人都喜爱和赞叹的作品。为了了解人们对他的画究竟有怎样的态度和看法，他把自己的一幅作品拿到市场上，并在旁边放上了一支笔，让人们把那些认为不足的地方给指点出来。

晚上回去之后，他发现这幅画已经被密密麻麻地标注了很多人们认为不足的记号，甚至有一句评语：这是最糟糕透顶的一幅画。显然，在人们看来，这幅画简直就是完全失败的作品。

这个结果使年轻人的自信心受到了巨大的打击，情绪低落，万念俱灰，开始怀疑自己是否真的具备绘画的天赋，甚至决定封笔。

年轻人的父亲知道后，告诉他千万不要在意别人的意见，并要求他再把一幅相近的作品放到菜市场上，只不过这次是让人们把那些他们认为很好的地方给指点出来。于是，年轻人照着父亲的要求去做了。大大出乎他意料的是，当他把放在菜市场上足足有一天时间的作品再拿回家的时候，竟然发现那幅画上所有的地方又都密密麻麻地被标上了人们认为很好的记号。

这次，年轻人非常高兴，决定继续自己的创作。

他的父亲说："现在你需要的不是创作，而是强大你的心。顶不住大多数人给你的压力，没有强大的内心，如何能够创作出好的作品呢？"

年轻人心悦诚服，他坚定了信念，用心投入到创作中。

这个年轻人就是后来世界知名的印象派画家皮埃尔·奥古斯特·雷诺阿。

成功学大师卡耐基一直强调：

一个人要实现有效沟通，成为人际沟通大师，一定要锻炼欣赏自己与肯定自己的能力。因为在"视网膜效应"的作用下，一个看到自己优点和长处的人，才有能力看到他人的可取之处。而能用积极的态度看待他人，发掘他人优点，往往是实现有效沟通的必备条件。

一个人，只有能够发现自身的优点时，才能够以一颗包容的心来欣赏与接纳身边具备此优点的人。

只有当我们以积极的心态面对这个世界时，这个世界才能以积极的心态面对我们。扬长避短，包容自己的缺点，发挥自己的优点，以一种欣赏的眼光面对周围的一切，人际沟通才能更快乐。

全世界有亿万人因卡耐基而受益，很多人不了解为什么卡耐基能有效帮助这么多有不同文化背景与不同成长经验的人改善人际关系，包容自己的缺点，发挥自己的优点的，"视网膜效应"是最好的解释。

别踏入对方的"气泡雷区"

社交场合中,对别人保持礼貌和体贴,就可以消除人际气泡带来的负面影响。

北京 2008 年奥运会期间,实行交通管制,单双号限行。我的一个从海外归来的绅士朋友,每天都要挤地铁上下班。

他向我讲述了在地铁中发生的事情:

他告诉我,在地铁里他没有安全感,有的乘客面如死灰,闭上眼睛不说话,偶尔身体会随着车厢的活动有节奏地摇动;有的乘客把对开的报纸伸到了别人的脸下面,专心致志时甚至把头也探过去;有人把胳膊往别人肩膀上一放,扭头去看窗外……就这样,两个男人因为"领地"问题发生武力冲突——在领土的纠纷上,没有谈判,只有战争。

朋友吸取教训,乘车的过程中,碰到别人时会迅速说"对不起",以此来逃避"领土纠纷"。但让朋友不理解的是,地铁司机的驾驶能力很差,短短的 10 分钟内自己冲撞了别人四次,出于化解纠纷的心理,他连说"对不起",结果身边的人以一种非常奇怪的目光看着他。

我笑着说:"在十分钟之内,对对方说'对不起'四次以上,会让对方直接崩溃。"

知道什么原因吗?

心理学中，有这样一个词语：人际气泡。

在每个人的心中，都有这样一种本能的心理——保护自己无形的领地的心理。就是说，每个人在自己的潜意识里，都生活在一个气泡里。不管是处于哪种环境中，周身都被一个看不见摸不着的气泡包围着。很多时候，你根本感觉不到它的存在，但是在某些时候，与别人沟通、交流的过程中，你内心会感到不安、紧张，这就是有什么挤到了周身的气泡。

用通俗的方法来解释这种"气泡"，好比从领海基线量起12海里以内的宽度属于领海权，从人的身体开始算起的部分距离同样被人划为自己的"领地"，这里的领地就属于气泡。

关于气泡，美国行为心理学家斯金纳曾经做过一个实验：

在一所学校的阅览室内，当里面只有一位读者时，斯金纳走进去拿椅子坐在他或她的旁边。

这样的试验进行了整整80次。结果证明，在一个只有两位读者的空旷的阅览室里，没有一个被试者能够忍受一个陌生人紧挨自己坐下。

当斯金纳紧挨着他们的身边坐下后，他们会不由自主地以一种敌视的目光看着身边的这个陌生人。大多数人会选择默默地移到别处，甚至有些人会明确地表示反感，明确表示："你想干什么？"

斯金纳的这个实验说明了人与人之间需要保持一定的空间距离。任何一个人，都需要在自己的周围有一个自己把握的自我空间，它就像一个无形的"气泡"一样为自己"割据"了一定的"领地"。而当这个自我空间被人触犯就会有不适感或不安全感，甚至会恼怒起来。

斯金纳经过实验证明，气泡心理不仅指距离上，还包括听觉、视觉，甚至嗅觉上。比如，在一个公共场合中，很多人会对大嗓门讲电话的人表现得很反感；在餐厅里，对吃饭时交谈甚欢的人表示强烈不满。这些通过听觉产生的排斥心理，同样是因为"气泡"受到了挤压。

通常，气泡是否感觉被挤压，与彼此之间的距离有关。例如两个人面对面地说话，保持半米左右的距离是最合适的。如果距离小于半米，甚至只有几厘米，内心会感觉到压抑。这时候，就是气泡受到挤压，"领土"被侵犯。

此外，气泡是否感觉被挤压，与彼此之间的关系亲疏有关。如果说话的两个人是情侣关系，别说10厘米，即便是零距离也不见得会觉得难受。可是，如果对方是陌生人，10厘米的距离就是气泡被挤压了。

举例来讲，在供人休憩的公园的长椅上，几乎坐满了人，只剩下你身边的那个位置空着，这时候走过来一个人，直奔你的方向而来，坐在了你身边，这时候你不会觉得被挤。可是如果公园里只有你一个人，别的位置都空着，这时候走过来一个人，直奔你的方向而来，挤在了你身边，你就会感觉"被侵犯"。

在社交场合中，保证自己的"领土"不被侵犯最聪明的方式是——不要侵犯别人的"领土"。美国著名作家托马斯说过这样一段话：

社交场合中，礼貌和体贴就像投资一分钱却得到一块钱的回报一样。如果人人都能保持对别人的礼貌和体贴，人与人之间的相处就会非常愉快。

在自己的内心放置一面镜子，对照自己就知道什么地方需要保持，什么地方需要改进。从生活中的细节做起，让"照镜子"成为一种习惯。

记住名字，叫对名字

记住对方的名字，是实现有效沟通的一个环节，也是最重要的环节。

大江南北的学校，都有一栋相同名字的教学楼——逸夫楼。这是由香港电影大王、邵氏影业的创始人邵逸夫先生捐款建造的，因此被命名为逸夫楼。

邵逸夫一生荣誉无数，但最让他骄傲的是——他的名字遍布大江南北，为上亿人熟知。

邵逸夫有着优越的家庭背景，父亲是上海锦泰昌颜料公司的老板。他从小在美国读书，19岁中学毕业后，和兄长邵仁枚到新加坡开拓电影市场，从此对电影制作产生兴趣。他与兄长于20世纪20年代活跃于中国的电影业。1925年，邵氏兄弟在上海成立"天一影片公司"。

邵逸夫的学历不高，但是在他50岁时，已经荣誉无数，成为国内外名声最为响亮的人。

商业交往中，每个人都对他很尊敬，使得他很有威望。他成功的秘诀就是：我能记住所有和我交往过的人的名字。

即便在邵逸夫年纪过百时，也依然头脑清晰，他在103岁时仍能够叫出很多日常与他交往的人的名字。

的确是这样，是这种行为使邵逸夫成为富豪榜常客，为慈善事业做出贡献——以"逸夫"两字命名的教学楼、图书馆、科技馆及其他文化艺术场所、医疗设施等遍布中国各地。

邵逸夫早年就发现，普通人对自己名字的兴趣，比对世界上其他所有人的名字的总和还要多。

每一个和邵逸夫交往过的人都说，他们最骄傲的事情是：当年叱咤香港影坛的"五虎将"打造者——六叔（邵逸夫排行老六，被后人称为六叔）居然能够叫出我的名字，这太让我兴奋了……

美国最杰出的总统之一罗斯福，他成功的秘诀很简单——我能叫出5万多人的名字——包括白宫里修剪草坪的清洁工。

在罗斯福竞选总统几个月前的一次宴会上，他看见席间坐着许多不认识的人，就找到当日宴会的大厅负责人，从他那里一一打听清楚了那些人的姓名和基本情况，然后令人惊讶的事情就出现了。

"比斯利先生，能够见到你真是太好了！豪尔博士，你也在这里……"这几个人顿时都愣住了，"请问您是？"几个人说出了心中的疑问。

当这些人知道这位平易近人、了解自己、能够叫出自己名字的人竟是著名政治家罗斯福时，都大为感动，也都非常惊讶。

记住他人的姓名，然后自然而然地叫出来，你就对他有了巧妙有效的恭维。

人际沟通的场合中，记住他人的名字，不仅仅是沟通的需要，更是交际场上值得推行的一种妙招。你想一想，对于轻而易举地叫出别人的名字的人，怎能不顿觉亲切呢？仿佛双方是老友相逢，这时，你有什么需要，别人怎么忍心不竭尽全力地帮助你呢？

这种方法功效神奇，罗斯福永远不忘。

几个月后，在总统竞选中，罗斯福使用同样的心理战术，轻而易举地登上总统的宝座。

人们都渴望被他人尊重，而记住别人的名字，这是最简单、最能让人有受尊重的感觉的方法。

在职场中，我们几乎忘记了自己的姓名。根据中国的习惯，我们的称呼很简单——姓的前面加了个"小"字，成为我们的称呼。比如，我姓王，我的职场标签就是小王，你姓李，你的职场称呼就是小李，尽管很别扭，但中国的职场向来如此。

这天，我无意间看到有个下属的QQ签名上，赫然写着这句话：自从工作以后，我就变成了"小"字辈。这无所谓，关键是我姓任，理所当然地成了小任。

我意识到我习惯性的称呼让她很不舒服，我决定改掉这个习惯性的称呼。

我花了半个小时的时间去记他们的名字。

第二天，我走进公司，她冲我打招呼，我笑着说：任萍，早啊！

我留意了一下她的表情，先是一惊，然后笑得很开心。

其他下属同样如此，自从叫了他们的名字，就与我的关系变得非常好。

直到两个多月后的公司聚会时，我才意识到，叫出一个人的名字有多重要。

因为他们都对我说："叫出我名字的一瞬间，我感觉你特别亲切。"

拿起集体照时，你第一个找的人一定是自己。看到一大堆的名字时，你先找的名字肯定是你自己的名字。

人们非常重视自己的名字，因此他们竭力设法让别人记住，甚至违反一些日常的行为规定。到名胜古迹游玩的时候，有人会在石头或树干上刻下自己的名字以作留念，他们希望"永远活在别人的心中"。这是一种不文明的方式，但依然是屡禁不止。

在这世界上，最悦耳的赐予是自己的名字。在社交场合和商务场合，你牢记别人的姓名、生日、各种喜好等细节，代表你重视对方，在乎对方。这不但能建立良好的人际关系，而且对个人事业的发展也会有很大的帮助。

然而，我们当中有多少人这样做过呢？

卡耐基拥有超强的记忆力，能够记住 5000 个与他经常接触的人的名字——这成了卡耐基与人有效沟通的一项技巧。

他怎么会有如此强的记忆力，能够记住这么多人的名字？

卡耐基说：其实，你也可以。我能够记住这么多的名字，是因为我每天都会重复记忆，把它们当成功课，就像小孩子唱歌一样，需要反复地唱。

卡耐基能够记住 5000 个与他交往的人的名字，依靠的就是重复。

人的记忆力依靠大脑思维，实验证明，当大脑神经系统接收到外来的信号时，会短暂地以信号波的形式存储在大脑中。当这种外来的信号越来越强，呈现连续不断的形式时，会以一种画面的形式存储在大脑中，且能够长期存储在大脑中。

这就是重复定律。

重复定律证明，**任何的行为和思维，只要不断地重复就会得到不断加强**。在你的潜意识当中，只要你能够不断地重复一些人、事、物，这些都会在潜意识里变成事实。

很多时候，我们被介绍给一个陌生人的时候，谈了几分钟话，临别的时候，连姓名都不记得了。更有甚者，会叫错一个人的名字。

叫错别人名字，是一件比记不住别人名字更让人感到反感的事情。

上次和你交谈的人是王主任，你却称呼他为张科长，相信这个记错的称呼已经成为你们有效沟通的一大障碍。

同时，你需要注意，职务称呼是否正确同样很关键。一位副职经理肯定不喜欢被别人称作"副经理"，而一位行政助理也不希望被称作秘书。别人怎样称呼自己，每一个人都十分敏感。重视对方的地位和职务，并以相应的态度对待他们。记住别人名字，并适宜地叫出来是给别人留下好印象的秘诀。如果实在不好称呼，就让对方来定吧，你只需要叫出对方的姓，加上一个词语"老师"即可。

人性的缺陷，让我们总是容易忽略一些细小的环节，而这些环节，则是有效沟通的润滑剂。很难想象，没有润滑剂的世界是多么干涩和别扭。

实现有效沟通，想要初次见面就给对方留下好印象，就必须让对方明白，你很在乎他，很重视对方。能准确地记住一个人的名字，见面时能自然地叫出来，这是对对方最微妙的恭维，而且还具有赞赏的意味。

反过来说，如果你把对方的名字忘记甚至叫错了，不但会使对方难堪，而且很可能招致意想不到的损失。记住他人的名字，不失为人际交往中的一条妙计。

避免"地位效应",平等沟通

地位高的人声音都比较大。

  1767年英国召开国会,制定向北美殖民地征税的法案。当时,殖民地人们正在抗议无理捐税。在提案的过程中,议员帕克发表他著名的关于殖民地征税与自由的法案时说:

  自由是上帝赋予他的子女的最神圣的权利,不过每个人因为环境的不同需要自由的目的不同而已。我的这份提案是代表美洲的每一个上帝的子民,他们要求言论和出版的自由,信仰的自由,以及为抗议捐税而提出的,更是为日不落联合王国而提的。
  美洲的子民,有的人只要求言论和出版的自由权利;有些人只要求用任何方式,在任何地方,崇拜上帝的自由权利;还有些人认为对于政府的开支,不能说一句话的,就不愿拿出税款来。
  对此,我们需要颁布更为合理的征税法案,根据美洲子民不同需求而提出法案……

  这份提案得到了很多议员的响应,大家纷纷表示支持这项提案。
  然而,另一位地位、威信要明显高于帕克的财政大臣C.唐森德同样提出了一份提案，他的提案与帕克的完全相反：采取强硬措施，对殖民地输入的纸张、玻璃、铅、颜料、茶叶等均一律征收进口税，同时规定英国关税税吏有权闯入任何民宅、货栈、店铺，搜查违禁物品和走私货物，采用高压政策杜绝抗议捐税的情形。

在最后表决通过法案的时候，很多议员选择了支持财政大臣C.唐森德的法案，摒弃了帕克的更人性的提案。

帕克愤怒地说道：言由人定、人以位重，英国注定要从北美殖民地滚出去。

果然，这项税法公布后，引起殖民地人民的愤怒抗议，要求废除。英国政府采取高压政策，这反而更加激起了殖民地的反抗情绪。殖民地人民掀起抵制英货运动，并用武力反抗英国税吏的搜查与压迫，英国对北美的贸易额大幅度下降。

面对愈演愈烈的反抗情绪，英国国会于1770年3月被迫废除了唐森德税法。

在随后的一次国会上，帕克再次提出一份提案，同时C.唐森德也提出了一份提案。

C.唐森德的地位以及威信让他的提案再次获得了通过，制定了对殖民地征收茶叶税的提案。这项提案成为1773年爆发波士顿茶党案的导火线。

地位及威信较高的C.唐森德，尽管提案不正确，依然通过了提案。帕克的提案尽管更人性化，无奈人微言轻，只能被湮没。

管理学家德鲁克在任GM（通用汽车集团）管理顾问时，提出过"隐身管理"。

在汽车技术问题方面，GM 逐渐在市场上处于落后的位置。后来，德鲁克发现了一个奇怪的现象，关于技术方面的提案，通过率高的往往是技术部的管理层提出的方案，而一些技术员的提案往往很容易被 renounce（放弃）。

德鲁克意识到这个环节出了问题。

后来，他向管理层提议，通过技术方案时，采取"隐身提案"，即实行不记名，提案不记名，进行讨论并做出最后的决策。

德鲁克的这种方法让通用汽车集团在短短的四个月的时间内解决了技术层面的问题。

德鲁克说：

地位高的人提出的方案总是很容易被认可，而一些地位低的人的提案很容易被忽略。稳妥起见，还是从椅子上站起来，忽略地位高低的问题。

要明白上述事例，首先要理解一个名词：地位效应。

"地位效应"是指人们在面对人的地位高低的问题时，心理层面比较敏感，容易受到一些不稳定的因素影响，而做出错误的、扭曲的选择。

比如，对不同地位的人的敏感效应会有所不同，容易产生不同的"心理效应"。也就是说，人们对"地位高、威信高"的人说出的话，感到更高的可信度与安全感，而对那些地位低、威信低的人说出的话，重视程度就会低很多。

人心的潜意识层面，容易受到一些客观环境的影响，对一些地位高的人，内心会产生认知上的偏差。比如，认为地位高的人，具有丰富的经验和突出的才华，是一个比自己智慧多得多的超人、伟人。地位高的人，往往拥有较大的权力、名气、财富，这种效应容易让人在内心产生一种遵从感。

在这种心理的支配下，人们的内心会对地位高、威信高的人产生一种遵从感，对地位高的人提出的意见，也比较容易认同，而往往会忽略地位低的人提出的意见，这就会影响在人际交往中进行有效沟通。

因此，人际沟通中，应该尽量避免"地位效应"，认真听取地位低的人的意见，因为他们的意见出发点更实用。同时，要不断提高自己的地位，争取更多的发言权，所谓"有位才有为"正是这个意思。

多见几次，混个脸熟

与人交往过程中，如果你希望被别人喜欢，别忘了给他机会多"看见"你，"混个脸熟"很重要。

妻子有个非常好的单身姐妹，经常到我家里来做客。

这天，妻子要求我给她的朋友物色一个对象，说她家里最近催得比较急。我随口说出了我的一个朋友。妻子简直跳起来："啊？他哪里配得上我这个姐妹？绝对不行！"

其实，她的姐妹自身条件也很一般，不过，在她眼里却美若天仙。

事情似乎到此告一段落。

过了两天，妻子又催我："你赶紧给我姐妹物色一个对象，她今天说了。"

我找不到合适的人选，只好将先前说的那个人再次报了上去。

妻子还是那句话："不行，他配不上我姐妹。"

当我要求妻子具体描述她的姐妹有多漂亮时，她变得哑口无言。当我要求她描述我的朋友哪里配不上她的姐妹时，她只是找了几个不疼不痒的理由，什么站到一起就感觉不搭配之类的不着边的理由。

可能是妻子告诉了她的姐妹我提过的这个人，过几天，她的姐妹提出在我家见一见。

妻子说："什么世道，牛粪不急鲜花都急了。"

令我意外的是，两个人很快对上了眼，妻子觉得不可思议。

事情过后，认真地想一想，自己是否有这种倾向——潜意识里，你是否觉得和你关系好的朋友无可挑剔，别人都是高攀？

这是一种多看心理产生的效应。

让你观看一组照片，有些照片出现了二十几次甚至更多，有的只出现几次，之后让你评价对照片的喜爱程度。你是喜欢只看了几次的照片还是看了二十几次的照片？

在美国芝加哥大学，曾经进行过这个实验，结果发现，看到某张照片的次数越多的人，就越喜欢这张照片。那些只看过几次的新鲜照片，实验者则表示几乎没有印象。也就是说，看的次数增加了喜欢的程度。

这种对越熟悉的东西越喜欢的现象，心理学上称为"多看效应"。

或许可以解答上文中我问妻子她的朋友哪里好看时，她回答不出来的原因了。

让你评价一个和你关系非常好的人的外形如何，可能你会不知道说他好看还是难看。因为你们之间经过一段时间的朝夕相处后，形象这个问题逐渐觉得顺眼了，已经无法去判断是丑是美了。

职场中，一个人进入陌生的环境，很容易与自己周边的人熟悉。原因便是见面次数多。人的心理，都有一种排外情绪，对新鲜面孔需要一个接受的过程。

因此，见面时间长，往往不如见面次数多给人留下的印象深，更容易产生亲近的感觉；相反，见面次数少，哪怕每次见面的时间较长，也难以消除因为间隔的时间太长而产生的隔阂，甚至可能因为相处的时间过长而产生摩擦。

最常见的一种现象，原来亲密的恋人，如果一年半载见不到面，再次见面的时候，尽管彼此之间很熟悉，却依旧在最初的感觉中会有些陌生。这就是异地恋很难维持的原因。

社交场合中，有这样一种人：非常健谈，人缘非常好，性格活泼开朗，善于制造与他人接触的机会，尽管他每次与别人接触的时间较短，但是彼此间却非常熟悉；而有的人，同样的时间，只与一个人交谈，却并没有取得很好的效果。

真正有好人缘的，是那些喜欢走动的人，比如到朋友家中多走动走动，哪怕只是露个脸，小坐一会儿，也会有助于改善人际关系。

社交中，人脉的作用非常重要，自我封闭，埋头苦干，想依靠一个人的努力来实现自己的目标，并非明智之举。不妨多与同事搞好关系，多与领导交流沟通，往往能够帮助你赢得群众基础，受到领导的器重。

与领导、同事的交往中，运用"多看效应"可以培养与领导、同事之间的亲密感情。

这就是为什么经常在领导身边出现的人，往往容易受到领导的信任，被委以重任的原因了。

然而，在职场中，很多人却总是对领导充满畏惧，害怕见到领导，如果某一天在大街上与领导见面，甚至会刻意避开，这是非常愚蠢和幼稚的行为。很多领导通常都十分忙碌，没有太多的闲暇时间留给某个下属。只有经常出现在领导的视野里，进行频繁而短暂的交流，才能加深领导对你的印象。当领导有需要的时候，自然会首先想到你。

在职场沟通和交往的过程中，如果能运用"多看效应"，提高时间的使用效率，缩短见面时间，增加见面次数，会更加容易增进彼此感情，收到事半功倍的效果。

当然，这里需要提醒一下，多看效应发挥作用的前提，是第一印象要好，即便是不好，也不能差。若给人的第一印象很差，则见面次数越多就越讨人厌，多看效应反而起了反作用。

第四章
高品质沟通是说话让人舒服

社交生活中,每个人都有自己的社交需求。人性的自私性让很多人做事往往只强调自己的需求,而忽略或不顾他人的需求。社交需求是需要双方共同实现的需求,只有双方实现彼此的需求,才是人际有效沟通的条件。

把别人作为中心

一个不争的事实是,几乎你遇见的所有人,都觉得在很多方面,他才是中心。

大约两年前,我刚买了新车,非常兴奋。上班的时候,我郑重地把自己打扮了一番,目的是让自己能够配得上那辆车。开车途中,我觉得所有的人都在关注我。走进公司的时候,我有种想吹口哨的冲动。

让我意外的是,大家都在忙各自的工作,似乎并没有关注到我到公司是开车来的。

中午就餐的时候,依旧没有人对我的车发表任何观点,我沉不住气,引导他们谈论我的车。

一个关系不错的同事很意外,说:"你是开车过来的?我怎么没有注意到?"

另外一个同事继续追问:"你什么时候买的车?"

这个世界上最不需要动脑筋的话就是实话,这句实话让我有点失落,不,应该是很强地挫败。

人类行为有一个绝对重要的定律,如果我们遵守这个定律,几乎永远不会估计错自己的影响力。如果遵守了这个定律,我们就能够在任何社交场合中正确地认识自己的能力和影响力。但在破坏那个定律的片刻,我们就会出现很多的心理问题。

这个定律是：你看不到你脸上的毛孔，别人即使看到了，也很快就会忘记。

心理学家基洛维奇曾经做过一个实验：

他让康奈尔大学的一名学生背上名牌包，然后进入教室。背名牌包的学生，在进入教室之前估计他的这个包会引起全班同学的轰动。然而，出乎他意料的是，班里26个同学，只有6个人注意到这一点。

社交场合中，我们总认为别人对我们会格外注意，但实际上并非如此。对自我的感觉占据了我们世界的重要位置，我们往往会不自觉地放大了别人对我们的关注程度，而且通过自我的专注，我们会高估自己的突出程度。

集体合影的照片中，只有自己会对照片中的自己感兴趣。

打开一张集体合影的时候，几乎所有的人，第一眼都会去寻找照片中的自己，围绕着照片中的自己继续进行搜索。不仅如此，我们会特别在意自己在照片中的位置、表情、穿着打扮等，同时照片中自己的信息展示给别人的印象会较长时间地保留在自己的大脑中。

不仅仅是一次，我们无论何时打开照片，都会以自己为一个焦点，扩散开来，这种心理作用就是焦点效应。

心理学中的焦点效应是人的普遍心理，意思是说把自己当作是一切的中心，世界在以自己为中心扩散开来，同时会不正确地看待外界对自己的关注，这种关注多半是高估了自己的影响力，这是心理学中所公认的一个事实——人都是以自我为中心的。

一个不争的事实是，几乎你遇见的所有人，都觉得在很多方面，他才是中心。

比如，你去应聘一份你非常中意的工作，你会为自己该穿什么样的衣服，梳什么样的发型，说什么样的话思考良久。和面试官见面的时候，你甚至会紧张得不知所措。

和初次见面的重要客户一起交谈，你甚至会考虑到自己的手该放在什么位置上，会担心客户怎么看你，会不会影响到这一次谈判，甚至会对某一次不自然的微笑耿耿于怀。

和心仪的对象第一次用餐时，如果不小心发生了计划之外的事情，这件事情可能会让你铭记一年、三年、十年，甚至更长时间。

但令人痛心的是，这些你关注的事情，对方却根本没有记住。

你的脚底长有一颗幸运痣，全世界可能只有你一个人知道，甚至你的妈妈对此也一无所知。

焦点效应让很多人谈社交而色变。

比如，一些职场女性，每次上班前都要花好长的时间打扮自己，甚至一缕头发的位置都要反复打理，直到自己满意为止。在挑选衣服方面，她会将自己的装束打扮搭配到自己满意为止。因为她觉得自己走进公司之后，所有人都会注视她，所以必须把自己打扮得漂漂亮亮的，留给别人好形象。

其实，这些都夸大了"自我中心"的效应，大家都只是芸芸众生中的一员，不会有太多人注意到你这些细节。如果让你现在回忆昨天和你在一起的人，都说了哪些话，你或许连对方一句完整的话都难以表述出来。但是如果让你复述你昨天的活动，你会说得非常详细。

了解焦点效应不是关键，关键是利用焦点效应。社交场合中，让对方在"焦点效应"的心理下，实现自己预期的目标。

一个保险推销员在向一个大客户推销保险时，推销陷入了僵局。客户已经出现不耐烦的情绪，保险推销员意识到自己这次又将无功而返。

这个时候，他发现客户身后的墙上挂着一张与美国总统布什合影的照片，照片上还有布什的签名。相片被裱了起来，看起来客户很珍惜这张照片。

在美国，总统经常会举办这类慈善晚宴，一些商业界的要人会被邀请参加。在宴会上，如果捐助一定数目的慈善款，就有机会和总统合影。

保险推销员看到这张照片后，找到了话题，说："李总，你居然受到过美国总统的接见，在国内有机会和美国总统合影的可不多，这可是国内很多企业家梦寐以求的事情。"

客户一听，立刻谦虚地说道："哪里，哪里，过奖了，这是我以前在美国……"对方讲起了自己的事。

最后，双方成功地谈成了这笔生意。

要知道，这个社会上不知道有多少人，甚至包括已经进入社会很久的老江湖，在焦点效应的心理下，放下了戒备之心。

通常，我们在与别人交谈的过程中，很容易把话题引导到关于自己的事上来，并且时隔很久，都能清晰记得谈论的有关自己的内容。同样地，与别人交谈也是一样，没有谁愿意听有关别人的事，特别对于陌生人，通常认为是在浪费自己的时间，但对于有关自己的事，都非常有兴趣。

因此，在社交场合中，在与人谈论时，我们要尽量以别人为中心，满足别人的"焦点心理"。当你满足了别人的心理，想实现自己的某种目的就会变得非常容易了。

其实，很多时候，这种"焦点效应"的心理是完全没有必要的。大多数的人，都是属于"观众"的层次，并不是那么受人关注。你偶尔的失误或许根本就没有人看到，即使看到了，也不会有人上升到舆论的高度。

不善于社交的人，总是"感到"在人群中大家都在关注自己。这些人会高估自己的社交失误和公众心理疏忽的明显度。如果我们在安静的环境中制造出了噪声，我们可能会非常苦恼。但是，事实情况是，我们心理上的苦恼，别人不太可能会注意到，即使看到，也往往会很快忘记。其实别人并没有像我们自己那样注意我们。因此，正确理解焦点效应有助于消除社交恐惧。

每个人都想聊自己

收起自己的锋芒，紧闭嘴巴，让对方多谈他自己。

生活中，很多人经常犯一个错误：表现自己，一定要多说话。然而，在这种思维的支配下，一旦打开话匣子，就难以止住。

这些心理是急于让对方了解自己，明白自己的意见，话说得太多了。

其实，这是一种得不偿失的行为，因为话说得多了，既花费精力，又给他人传递的信息太多，让别人的主角心理在潜意识里受到伤害。在中国，真正的主角属于滔滔不绝的人，比如会议上那些发言的人。

除此之外，一个说话太多的人，只顾遵循着自己的思维组织语言，对对方缺乏任何了解。他们的话让对方更多地了解自己，却无法从对方身上吸取更多的东西。这里的问题不在于别人太吝啬，而是他没有机会，是你不给别人机会。

曾经，公司里有一个女同事，我们都称她丽姐。在一次聚会上，她和我们说起了这样一件事：

从女儿步入青春期以来，她和她的女儿瑞雪的关系一直都不太好，有一段时间，甚至出现恶化的局面。瑞雪以前是个十分乖巧、听话的孩子，但是当她进入青春期之后，却与母亲产生了许多矛盾，拒绝与母亲合作。丽姐曾试图用各种方法说服、教育她，但都无济于事。

"她根本不听我的话,我几乎对她绝望了。她已经快要中考了,还去约她的朋友去北海玩。当她回来的时候,我很生气地骂了她。

"我已经没有耐性了,我伤心地对她说:'瑞雪,你怎么变成这样了?'

"瑞雪似乎看出了我的痛苦。她问我:'你真想知道吗?'我点点头。于是她开始告诉我以前从未跟我说过的事情:我总是命令她做这做那,却从来没有想过要听她的意见。当她想跟我谈心的时候,我却总是用家长的权威说服她。此时,我才知道,瑞雪其实很需要我的理解,但她希望我不是一个独断、专制的妈妈,而是一个亲密的朋友,这样她才能倾诉烦恼。而以前,我从未注意到这些。从那以后,我开始让她畅所欲言,而我总是认真地听。现在,我们的关系大大改善,我们成了好朋友。"

我依然记得,丽姐和我说完之后,意味深长地说了一句话:

让她畅所欲言,她对于自己的事情、自己的问题知道得比较多,所以,多问她问题,她会主动告诉你所有的事情。

我的一个同学,一个多月以前到这里参加一次投标活动。

我说,在他谈好生意后,我要带他到这座城市参观一下。他告诉我,没有问题,不过他并不看好这次投标,因为价格方面分歧很大。

一天后,同学打电话告诉我,生意谈成了,让我带他到这座城市参观,费用他全部报销。

后来,同学告诉我,生意的成功完全在他意料之外。

"在具体详谈的时候,他拿出我事先寄给他的资料。我并不抱多大希望,而且听说他已经决定了一个投标机构,之所以预约我,是看重我们公司的资历,想坐地杀价。

"一开始，我没有像以往一样，拼命地介绍我们公司的资历和所取得的成就，而是问：'如果能够与贵公司合作，我将会十分自豪。听说您在25岁的时候开始创建这家公司，成立之时只有一张桌子、一间办公室、一个二手台式电脑，简直难以置信。这是真的吗？'其实，这个是我来之前听经理和我谈的，我的出发点很简单——找个话题。

"后来，我才知道，每个成功的人都喜欢回忆自己早年的创业经历，尤其是艰辛的创业历程，并且十分高兴别人能听他讲下去。他也不例外。他跟我说了很久，说了他如何依靠2000元现金开始创业，每天工作16小时，没有休息日，甚至春节外面鞭炮阵阵时，他依旧在努力，终于被他抓住了一次机遇。

"整个过程中，我说的话很少：'然后呢？''这真不可思议''换作是我，我根本坚持不下去'，如此而已。"同学说道。

"最后，这个老板说：'根据你们的价格，再降低10万，我们就成交。'这让我很意外，这次的杀价是幅度最低的。"

我问："然后呢？"同学说，然后就是现在这样子了。

我们会心一笑。

同学成功的原因可能没有这么简单，但是有一点十分重要：他聪明地提出了一个对方十分感兴趣的问题，并且鼓励对方多说话，因此给了对方很好的印象。

人性的自重感，来自比较，这种感觉出现在当对方胜过我们的时候。然而，当我们胜过他们的时候，让他们有一种自卑的感觉时，我们也会引起他们的猜忌与嫉妒。

让对方滔滔不绝地谈自己，是在给对方一个机会，一种能够让对方有自重感的机会。满足了对方的心理需要，他自然会在心里感激给他自重感的人。

要实现有效沟通，就要尽量让对方多说话，他们对自己的成就和经历一定比对你的了解要多。因此，在必要的时候，向他们多提一些问题，让他们在表现自重感的过程中，告诉你一些事情。这样做将会使你们的交流更有效果。

当然，在沟通的过程中，如果你不同意对方的观点，你可能会想去反驳他。可是你千万不要这么做，因为这将是非常危险的。当一个人在自重感的支配下，将自己观点表达出来的过程中，他绝对会对反驳他意见的人很反感——异于平时被反驳的反感。例如，一个饥饿的人，正在狼吞虎咽的时候，被别人抢走饭碗，这会让他发疯，比让他一直保持饥饿更严重。

因此，对别人有反对意见时，你要做的事情就是听听他有什么观点，鼓励对方充分地表达自己的意见。

然而，现实中很多人为了让别人的意见与自己的观点保持一致，往往采用一种错误的策略：说话太多，用自己的观点强行征服别人的意见，这往往会适得其反。

会听比会说重要得多

一个沟通高手,总是鼓励别人谈论他们自己。

最近我受邀参加一位作家举办的沙龙聚会。

聚会结束之后,时间还早,大家用扑克牌玩起了一种"挤鳌头"的游戏。我不会玩,其中一个漂亮的女士也不会玩。

她知道我几天前刚刚和一个摄影家去云南,顺便拍了一组风景照,作为即将出版的一本介绍旅游胜地的旅游手册的图景,而她接到出版社的任务,策划出版一套介绍云南"风景即历史"的学生读物。

因此,她说:"你能告诉我你到过云南的哪些名胜古迹和见过哪些人文风俗么?"

我点点头。当我们坐在大厅的沙发上的时候,她提到她不久前去云南大理时的经历。

"大理,一个有古老历史的地方,很有历史古韵。上次去的时候,我一直想去看看,除了西双版纳、文山壮族自治州等几个边缘的地方之外,其他的都没有去过。我真羡慕你,大理都有哪些名胜古迹?"

那次,我们交谈得很愉快。交谈的过程中,她不再问我名胜古迹、人文风俗。她不要听我谈论我的旅行、我的所见所闻,她要的不过是一个认真的倾听者，使她能扩大她的自我，所以她一直在讲述她到过的地方。

接近一个小时的交谈，我的任务很简单，认真地听她说，时不时地点头表示认可，偶尔会称赞、响应一下，这些就是全部了。

聚会散的时候，她高兴地对我表示感谢，说：很久没有这么开心了。

她是特殊的吗？其实，很多人都像她那样。

后来，她在QQ上对我说：

"很少有人能够拒绝接受专心注意所包含的谄媚，你比专心注意还进了一步，你是诚于嘉许，宽于称道——这种倾听是对任何人的一种最高恭维。"

这样，我使她认为我是一个善于谈话的人，但实际上我不过是听她说了一个小时的话，一直鼓励她讲话而已。

真的，我其实并没有做什么。

有效沟通的秘诀是：专心倾听，这很重要，没有别的东西比那样更使人开心。

美国著名的推销员吉拉德，他的成功秘诀是什么？

吉拉德说：

先前，我一直认为推销员最重要的是口才，其实不是。推销员出现的地方，就像是广场一样，他会喋喋不休地大谈特谈自己所推销的东西，从品牌说到质量，从质量说到价格，一刻都不会停歇。但这种推销方式效果都不是很明显。

为什么？

人性中，有一种"我是主角"的心理，大多数人都不喜欢听别人谈话，而是喜欢别人听自己说话，喜欢谈和自己有关的事，而不是和别人有关的事情。

一个人重视自己牙痛的程度远远超过死亡百万人的天灾。因为他关心的是发生在自己身上的事情，自己的牙痛问题才是真正的主角，而死亡百万人的天灾即便是与他有关系，至少目前他还活着。

普通推销员在推销产品时，95%的时间是自己在讲话或推销产品，顾客只有5%的讲话时间，而且这5%的时间还是在决定是否购买。吉拉德通过经验总结出了一条规律：将听和说的比例调整为2比1，也就是70%时间让顾客说，自己倾听；30%时间自己用来发问、赞美和鼓励他说。这样，才能打开推销之门，成为顶级的推销员。

这天，他向一位女士推销有机蜂蜜，刚刚敲开对方的大门，这位女士就大声叫嚷："你们的推销剥夺了我选择的权利，我是不会购买你的商品的。"

吉拉德立刻闭上嘴巴，开动脑筋，并细心观察。

突然，他注意到女主人家的脸盆里摆着一张刚刚揭下来的面膜，问："夫人，你的皮肤真好，我猜你肯定非常爱惜你的皮肤，一定经常敷面膜。"

"是，我曾经还做过面膜培训师呢。"女主人依旧是态度冷淡。

"真的？那太棒了，我要好好请教你，我的女朋友经常在外面跑业务，尽管已经很注意保养皮肤了，但是和你比起来，简直是相差十万八千里。你看你现在的皮肤，像个二十几岁的小姑娘，而她是二十几岁的小姑娘，却像四十几岁人的皮肤，为此，她非常苦恼。"

接下来，女主人将自己知道的关于面膜的知识，向吉拉德娓娓道来，吉拉德认真倾听的过程中，还不时地说着：她以前就没有注意到这些方面……

快要结束的时候，吉拉德提出了自己的建议："其实，我还有个建议不知道对不对。我听说将蜂蜜和珍珠粉放到一起，均匀地涂到脸上，会使皮肤更光滑、更细腻，对吗？"

"对！蜂蜜确实是一种做面膜比较好的原料，不过现在的蜂蜜中，蜂蜜的纯度都不是很高。"女主人说。

"其实，夫人，你可以试试我们公司生产的蜂蜜，这是 NRY 有机蜂蜜，纯度达到 60%，而且含很多人体缺少的硼元素，你应该也知道，硼元素是人体不能合成的一种元素。"

"你说得非常对，我决定购买你的两瓶蜂蜜。"女主人高兴地说道。

最后，这位女主人一边打开钱包，一边说："就算我的先生也不会听我唠唠叨叨讲这么多，而你却愿意听我说了这么久，甚至还能够理解我的这番话，真的太谢谢你了。希望改天你再来听我谈面膜，好吗？"

随后，她爽快地从吉拉德手中接过了两瓶蜂蜜。

一个再挑剔的人，甚至是无理的批评者，也常常在一个耐心的、同情的倾听者面前软化、被降服，而这需要倾听者在对方张牙舞爪的时候，用微笑去化解。

世界上最困难的事情是闭上嘴巴，假如你不张开耳朵，不适时地闭上嘴巴，你就会失去无数机会。

从人性的本质来看，焦点心理就是每个人最为关心的是自己。他们喜欢别人关注自己，喜欢别人谈论或者倾听到与自己有关的东西。

由于有这种心理的存在，有些人便经常犯这样一种错误——不喜欢听人讲话，要么滔滔不绝与人说个不停，不顾对方作何反应；要么当对方讲话时，注意力不大集中，东张西望，心不在焉，甚至走神。这种不良的行为习惯会成为有效沟通的绊脚石，有碍于人际交往的效果。

美国著名的婚姻心理专家麦丽丝的成功秘诀是：

心理医生必须是一个合格的倾听者，许多人走进心理诊所，要的仅仅是一个倾听者而已。

有一次，一个女士走进办公室，让我帮助她。接着，她告诉我，她的老公对她很冷淡，已经两个月没有一次性生活，连续出差两个星期……

期间，我只是认真地看着她，偶尔递过去一张纸巾。40分钟后，她的情绪稳定了，说："谢谢你，麦丽丝医生，我已经知道怎么做了。"

"其实，我什么都没有做！"麦丽丝说。

记住：你要使人喜欢你，那就做一个善于倾听的人，鼓励别人多谈他们自己。

不论好坏，先夸一夸

要实现有效沟通，达到预期目标，你需要用鼓励去促使对方进步。

我的妻子在不久前喜欢上了书法，这源于她有一次去公园里玩的时候，看到公园里有位老者手握一米多长的毛笔，蘸水在地上写字。

当老者说他从30多岁才开始练习书法时，我的妻子更加坚定了要学习书法的信念。

我觉得，每个人都应该有一个业余爱好，我选择支持她。

她报了一个书法培训班学习书法。初次试学时，妻子很失望，她告诉我："那位老师说我没有天赋，写的字十分丑陋。总之，是不适合学书法，反倒建议我学习舞蹈之类的课程。"

我对她说："换一个地方培训吧，他根本不具备成为老师的资格，有什么资格办培训机构呢。"

妻子只好重新报了一个培训班，初次试学后，她高兴地对我说："老师夸奖我有恒心，说人都应该有一个业余爱好，有益身心健康，还能陶冶情操。说尽管我没有书法天赋，但依靠后天的努力同样可以有所成就。而且举了上次我在公园里看到的那位老者的例子鼓励我。"

最后，妻子自信地说："我现在感觉到前途一片开阔。"

当然，我的妻子第二天就把培训费交了。

我想说，两个老师表达的可能是相同的意思，第一位老师甚至更中肯，但是却断了未来的路，第二位老师采取鼓励的方法，送给别人希望和信心。

不管做什么，我们都需要鼓励。鼓励不仅能够让人感觉到自重，还能够让人在自信上引起共鸣。

我们需要别人的鼓励。当然，他人也需要我们的鼓励。一句鼓励的话，一个鼓励的动作，常常是举手之劳。而举手之劳带来的力量，有可能是自己无法想象到的。

这让我想到了不久前的一件事：

下班回家，上楼的时候，我听见走廊里传来琅琅的读书声，这是一个小女孩丫丫的读书声，声音听起来像是刚睡醒一样。我突然想到，不经意间听丫丫的妈妈说，丫丫要参加学校迎国庆的演讲比赛。我推测丫丫缺乏信心，便想给她一些鼓励。

可能是听到了我的脚步声，丫丫停止了读书，不好意思地望着我。

我也看到了她，便鼓起了掌，她好像有些不好意思，我对她说："丫丫，很不错呀，要是底气再足一些的话，就完美了。"说完我就回去了。

几天后，丫丫看到我，老远就跑过来，对我说："叔叔，谢谢你的掌声，是你的掌声让我有了信心，真是太谢谢你了，你看这是我的奖状。"

奖状上写着：李丫丫同学，在学校举办的"迎国庆演讲比赛"中荣获一等奖，特发此状，以资鼓励。

现在，每次看到丫丫，都发现她和以前再也不一样了，现在的她，做什么事情都有信心。我高兴极了，这毕竟有我的功劳。

是啊，鼓励他人很简单，只需要你有一颗真诚对待他人的心。

人性需要来自外在的动力，也容易受到外界动力的影响，比如，一种消极、悲观的力会在一定程度上降低人性的活跃性，起到一种阻碍的作用。但是积极、鼓励的动力，则会提高人性的活跃性，让它处于一种积极、自信的环境中，这种环境给人性带来的动力是非常强大的。

人性容易受到外在的影响。一个人经常生活在一种悲观、绝望的环境中，让心境长期处于这种消极的环境中，人性中的积极、健康、充满棱角的部分会逐渐被磨平，而心境被外在的消极、悲观的情绪渗透，蜕变为一种消极情绪。人的行动力通常来自心境，而心境处于一种消极的环境中，导致行动缺乏激进力。

反之，如果人性得到外在的鼓励，会增加心境的行动力，被一种积极的、健康的情绪所感染，必定会发挥出强大的行动力。

和我们每个人都要面子一样，人们是非常热衷于别人的鼓励，喜欢得到别人的赞许。因此，在人际沟通的过程中，实现有效沟通，要时时牢记一个原则：

当你与人沟通时，不要忘记鼓励别人，告诉别人"你行的""你一定能够完成任务""我相信你"等一些积极性的暗示语言。

这是在鼓励他人，是在给他人加油、肯定别人，是对别人的一种赞许。这种肯定、赞许同时也会为自己赢得良好的人缘。

美国总统罗斯福说：

与我们本身所具有的成就相比较，鼓励别人只属于精神层面的付出。我们只利用我们精神资源的很小一部分，却会给别人强大的精神资助。从人性的角度上来说，人类中的个人就这样生活着，远在他应有的极限之内；他拥有着各种强大的、未被发掘的力量，但这种强大的、未被发掘的力量却未被利用。

不要吝啬精神层面上的很小一部分资源，这是改变别人，实现有效沟通的一个非常好的方法。

鼓励他人绝对是非常值得的精神付出。

面子给你，里子给我

要实现有效沟通，需要保住别人的面子，因为给别人留面子便是给自己加分。

有一个关系很好的女同学，在跟我闲聊的时候，说了一件让她很困惑的事情：

"我的丈夫是个很不错的男人，在家中，无论我说了多少抱怨的话，他都会微笑而耐心地听完，可以说对我是宠爱有加。但在单位里，待我就判若两人。"

她说道："有次，我有急事打电话到他单位里问他事情，他回答的态度一点也不亲切，用那种冷淡且不高兴的态度，而且不愿意多说一句话，哪怕是一个字，尽是机械性一个字的应答，如'嗯''哦'之类的，态度非常不耐烦。开始的时候，我还以为是他遇到了不高兴的事情，可是此后一连几次都是如此。

"甚至有一次，我去公司找他，我走过去坐在他的身边，他的态度变得淡漠，冷冷地说'你先回去吧'。一点没有平时的温柔感觉，让我深感受伤。回到家之后，他极力哄我，却始终不肯告诉我原因。"

说完之后，她问我这是怎么回事。

先不做解释，再来说一个事例：

在钢铁大王卡内基身上曾经发生过这样一件事：

卡内基去生产部视察，针对市场上最近出现的"卡内基钢铁集团生产的钢铁出现了质量问题"进行审查，在审查某个材料的质量环节中发现了问题。

卡内基知道，质量问题对一个企业的生存、发展有着多么重大的意义。

顿时，他怒气涌上心头，当着陪同人员的面，大声质问质检员，场面相当尴尬。卡内基越说越气，说："这是一件非常要命的事情，即便是我家里的佣人，都不会犯这种错误。"

本来并不是非常严重的事情，但是卡内基的语调以及态度带有很强的攻击性，言辞也极为苛刻。

事实上，卡内基的意思只是想提醒质检员在工作中要更为认真和严肃，因为市场上铺天盖地的负面新闻牵动了他的神经。

这名质检员已经为公司效力了六年的时间，为了使自己不致在同事、领导、下属面前丢掉尊严，对卡内基轻轻地说了一句话："那你让你家里的佣人来做这份工作吧。"

顿时，场面更加尴尬。这句话足以使卡内基一生铭记。

后来，卡内基在自己的回忆录里写道：

这是我犯下的一个极为愚蠢的错误，甚至为此亲自给他写信，表示道歉。他接受了我的道歉，却再也没有出现在我的公司里。

再来说一个：

在电影《爱情呼叫转移》中有一句台词：谁给我面子，我给谁金子。

到了这里，或许你已经知道上面事例中的原因了。

妻子到公司找老公，让老公在同事面前失去了威严感，也就是失去了面子。老公以一副冷冰冰的表情对待妻子，其实是在维护自己的面子。

卡内基的质检员因为丢了面子，毫不留情地离开了效力六年的公司。相信质检员说出"那你让你家里的佣人来做这份工作吧"这句话的时候，丢面子的是卡内基，因为他的权威受到了挑战。

生活中，我们践踏别人的感情，毫不顾虑地训斥、批评甚至是谩骂，这个过程对双方都是一个煎熬。一方面子丢尽，尊严荡然无存；另一方丑态百出，威严扫地。

何必呢？即便是一只狗，也会要面子。如果你对着一只狗大吼大叫，它也会对你龇牙咧嘴。

如果能够采用另一种方法，一两句体恤的话，一点点对对方的态度的真实了解，换来的将会是另外一种结果：一幅温馨、和谐的场景。

在中国，面子问题更被人看重。"人要脸，树要皮"，这句话道出了人性的一大特点：爱面子。

然而，生活中，我们只爱自己的面子，却完全忽略了别人的面子。

我曾经亲眼看到过这样一件事：

一个三岁的小男孩，在小区的花园里和很多小朋友在玩耍。可能小男孩是偷偷地从家里跑出来的，妈妈并不知晓。当妈妈惊慌失措地看到他时，黑着脸当着众多小区人的面，狠狠地打了孩子一顿，很多家长见状都上前拉开了孩子。

倔强的小男孩没有哭，但是从他眼里流露出对妈妈的仇恨，让我感觉到胆怯，那种目光我从来没有在一个三岁的男孩脸上见过。

周围的老人没有批评小男孩，却批评起了那位年轻的妈妈。可能是惹了众怒，年轻的妈妈皮笑肉不笑地表示道歉，招手让孩子过来，却遭到男孩的拒绝。

一个孩子拒绝投入妈妈的怀抱，该是一件多么尴尬的事情。

谁丢了面子？又丢了谁的面子？

一个三岁的孩子居然会有这么强烈的面子心理，何况是成人呢？

不要觉得只有中国人要面子，全世界的人都要面子，只是在中国，情况更为严重而已。

面子是人性的一道心理防线，一旦这道防线被攻破，会激起别人强烈的抵触。如果我们不给他人退路，不给他人台阶下，人性的反抗心理会驱使他人采取最本质的行为——自卫。

要面子并不是人性的劣根性，而是一种心理需求。爱面子并非一无是处，因为面子，才会遵守一定的制度规章。爱面子的心理，让人不论在什么岗位上，都会尽自己的努力而不甘落后于人。很多人要想方设法留住自己的面子，还要想方设法给自己加面子。比如，注重礼貌，让他们充分体会到自己作为一个人与他人在人格上是平等的；或使用适当的褒奖，让他们有荣誉感等。

有一位上司，和下属在一起时，谈到另外一个领导，上司随口说了一句："他要是能调走，我磕头都来不及。"恰好这句话被领导听到。由此，两个人结下了梁子。

上司这句不经过大脑的话，便是让人丢了面子的话。

与人交往的过程中，面子问题是一个不容忽视的问题。给别人留面子，是一个何等重要的问题，却常常被很多人忽略。

面子是一个社会性的问题，不会因为身份、地位而发生变化。领导要面子，下属同样要面子。有钱人要面子，穷人也同样需要面子。

社交场合中，让别人丢了面子，等于与别人结下了梁子，不利于人际关系的沟通。

给别人一种优越感

满足别人的优越心理,最后优越的是自己。

1908年,富兰克林·罗斯福进入华尔街的卡特、莱迪亚德和米尔本律师事务所担任律师,负责一些民事诉讼方面的案子,他的助手是一名刚毕业的法律专业的学生埃姆斯。

这天,罗斯福在为一件即将公开审理的案件寻找法律依据时,在一本厚厚的法律宝典中寻找一条法律依据,却怎么也找不到。

"埃姆斯,请过来一下!"罗斯福叫来了正在办公室忙碌的助手,"我不知道你肯不肯帮我解决一点困难,请你告诉我这条法律依据在法典中的什么地方,好不好?"

这个问题的效果像闪电一样快,埃姆斯兴奋地接手这个工作,短短的一刻钟,他将这条法律依据认真地用红线标注,交给罗斯福。

罗斯福在后来的自传中写道:

虽然他只是我的助手,但是在知识层面没有职位高低,只有求知与求教,他知道我不知道的事。我必须以求教的姿态向他打听,这样我就给了他一种自重感。

当时,罗斯福只是一个青年,他将自己所有的储蓄都投资于福利事业中，设法使自己被推举为纽约州议会的秘书，因为这个职位能够服务公众，同时也让公众有了解他的机会。

罗斯福很成功，一年之后他以民主党人的身份进入纽约州议会，开始涉足政界。

这个工作很好，罗斯福很喜欢，也非常愿意做。但他的人际关系出现了危机。议会中的一位有权势的人法尔科对罗斯福非常有成见。这全部都是因为在一次会议中，罗斯福的演讲击败了法尔科的缘故——演讲是无法避免的社会行为。

在政界中，很多人宁愿不与别人结缘，也不愿意与别人结怨，因为这是一件非常危险的事情。

罗斯福应该怎么办呢？这是一个非常重要的问题。

罗斯福想到了一个好的方法。

罗斯福请法尔科做一件他自己喜欢的事情——一件能让他感觉胜过罗斯福的事情，能够刺激他虚荣心的事情，一件非常巧妙地表示罗斯福对他的知识、成就赞赏的事情。

"法尔科，你的提案真的棒极了，有空的话，能像老师一样指导我一下吗？"罗斯福找了一个很好的机会，当时法尔科的身边聚集了很多人。罗斯福的这句话让法尔科很受用，他有点意外，但随即高兴地说："非常乐意！"

此后，在会议厅遇到法尔科，他主动同罗斯福打起了招呼，在此之前，从来未出现过这种情形。"富兰克林，无论什么时候都愿意帮忙！"后来，他们成了好朋友。罗斯福竞选的过程中，法尔科为他出谋划策。当时，总统竞选是在严重经济危机的背景下进行的，法尔科亲自为他组织讲演稿，才出现了这句话：

一个总统不一定是一个杂技演员。我们选他并不是因为他能做前滚翻或后滚翻。他干的是脑力劳动，是想方设法为人民造福。

罗斯福使用的方法，是把对方当老师的心理学，还在继续起着人际沟通中的润滑作用。

法国哲学家罗西法古说："如果你要得到仇人，就表现得比你的朋友优越吧；如果你要得到朋友，就要让你的朋友表现得比你优越。"

这句话很正确，当我们的朋友表现得比我们优越时，他们就有了一种自我看重，同时觉得自己是重要人物的感觉。但是，当我们表现得比他们优越，我们在觉得自己重要的时候，他们就会产生一种自卑感，造成羡慕和嫉妒。出现这样的情况的时候，你距离失去你的朋友就不远了。

聪明的人对自己的成就总是轻描淡写，谦虚，不张狂；愚蠢的人则大声喧哗，哗众取宠，结果众叛亲离。为人处世的过程中，我们要保持低调的同时，还要让别人有一种优越感，满足别人的优越心理。

我的一个朋友，经营一家4S店，虽然地处郊区，但是生意十分红火。有的时候，有顾客来这里修车，修车花的时间比较长，顾客会觉得很无聊。

朋友看到这种现象，便让自己的哥们在自己的4S店附近开一家综合式的集饮食娱乐为一体的场所，这里地租便宜，而且来这里修车的人大多是有钱人，一旦成功利润不会小。

他接受了我朋友的建议，在4S店附近开了一家综合式的休闲场所，果然，很多来4S店修车的人都会光顾那家娱乐场所，慢慢地他哥们的盈利收入逐渐超过了4S店。

幸运的是，他的哥们是一个沟通高手，无论何时，每当有人夸他脑筋活，有生意头脑的时候，他都会谦虚地说："这完全要归功于我的好哥们，我能有今天都是他的成就，他是我成功路上的老师。"

这让朋友非常高兴，不仅没有因为对方的生意好过自己而眼红，反而为对方娱乐场所的规模以及经营方法提出了很多合理化的建议。

生活中很多人都有这么一种心理，能看得别人比自己弱，却看不得比自己弱的人变得比自己强。这是人人都具有的一种优越感的心理。

给别人一种优越感，满足别人好为人师的心理，有助于在生活和工作中走得顺利。低调者早已认识到了这一点，他们从来不自己独享荣耀，也不与朋友分享荣耀，他们做的只是把优越感让给别人。

在我们的周围总会看到这样一些人，过强的优越感让他们过于迷恋出头冒尖的感觉，一味张扬，表现自我，却浑然不觉自己的能力到底有几分。虽然他们满足了自己的优越感，他们的确引起了很多的注意，可惜这种注意带来的只是负面看法和评价。他们成了众人反感、厌恶的对象。日常工作中不难发现这样的朋友，其人虽然思路敏捷，口若悬河，但一说话，就令人感到他很狂妄，因此别人很难接受他的任何观点和建议。这种人多数都是因为想要表现自己，总想让别人知道自己很有能力，处处想彰显自己的优越感，从而获得敬佩和认可，结果却往往适得其反，失掉了在朋友中的威信。

生活中，每个人都想比别人更突出，想比别人优越，满足别人的优越感，满足别人好为人师的心理，会为自己赢得很多人的帮助。

在交往中，任何人都希望能得到别人肯定性的评价，都在不自觉地强烈维护着自己的形象和尊严，如果他的谈话对手过分地显示出高人一等的优越感，那么无形之中是对他自尊和自信的一种挑战与轻视。

要善于发现别人的长处，满足别人优越的心理，只有这样才能积小善为大善，积小能为大能。每个人都有自己的优点，都有值得他人学习的地方，都有一种好为人师的心理，想让周围的人向自己学习。"世界上不是没有美，而是缺少一双发现美的眼睛。"同样的道理，身边有很多人，他们身上都有我们值得学习的地方，要学会利用身边的资源，给别人优越感，从而让自己走上成功的道路。

了解并满足对方需求

了解对方的欲望，满足对方的需求，这是成功实现沟通的重要条件。

有一天，德鲁克的咨询公司走进了一个脸色沉重的人，他直接找到德鲁克。

"我和我公司员工的关系闹得很僵，尽管他们很少从口中说出来，但是我能感觉出尴尬的气氛，这让我很压抑。我曾经通过很多种方式试图摆脱尴尬的气氛，比如出去旅游、探险等，或经常给他们购买一些日常用品，但公司的气氛似乎一直不怎么乐观。"这个脸色沉重的人说道。

"另外，我敢做出保证，他们的薪水水平绝对不低。"这个人又补充了一句。

德鲁克没有直接给他答案，而是对他说了一个故事：

每年夏天，我都会去密西西比河度假、旅游，那里的风景好极了。其中，在密西西比河钓鱼是我最享受的事情。我个人非常喜欢吃奶油蛋糕。但是，我知道鱼的本性，它喜欢吃蚯蚓。因此，当我钓鱼的时候，我不会在鱼钩上挂上我爱吃的奶油蛋糕作鱼饵，而是挂上一条蚯蚓作鱼饵。这样，我恰好满足了鱼的需求。相信如果我挂上奶油蛋糕之类的鱼饵，肯定不会钓到任何一条鱼。

德鲁克说完之后，对他说：使用我刚刚说的方法，如果有效果，给我寄一张支票即可。

两个月之后，德鲁克收到了一张 20 万美元的支票。

蚯蚓能够满足鱼儿的需求，在人际沟通的过程中，为什么不能用同样的常识呢？

我的外甥，小小年纪就出现了严重的偏食、挑食现象，经常是这种蔬菜不吃，那种蔬菜也不吃，这让他的父母很苦恼。营养不良的他，像个小萝卜似的。

这天，在公园里陪他踢足球，我问："你长大后准备做什么？"

他回答说："做个像梅西一样的足球运动员。"

我说："你知道梅西的脚法为什么如此灵活，运动天赋为什么如此出色吗？"

他摇摇头。

我说："因为梅西的营养均衡，不会挑食、偏食，哪像你一样，这也不吃，那也不吃，瘦得像根豆芽一样。不看你的技术，单凭你的身体，就无法进入足球世界。"

从那以后，他再也没有出现过挑食、偏食的现象，还用自己积攒的零花钱购买了一本食谱，让妈妈参照食谱做给他吃。

当足球运动员的条件是他所需要的，他知道如何做才能够实现。

人际沟通中，能够影响他人的方法是谈论他所需要的，并满足他的需求。

美国心理学家马斯洛经过长期研究，把人的需求分成生理需求、安全需求、归属与爱的需求、尊重需求和自我实现需求五类，由较低层次逐渐排列为较高层次。各层次需要的基本含义如下：

生理上的需求是人类维持自身生存的最基本要求，包括呼吸、水、食物、睡眠、生理平衡、分泌、性等需求。这是人的基本需求，是推动人们行动最首要的动力。马斯洛认为，只有这些最基本的需求满足后，其他的需求才能成为新的激励因素。

安全上的需求包括人身安全、健康保障、资源所有性、财产所有性、道德保障、工作职位保障、家庭安全等。这些是人的感受器官、效应器官、智能和其他能量的需求。和基本生存需求一样，当这种需要一旦相对满足后，也就不再成为激励因素了。

情感和归属的需求包括友情、爱情、性亲密等。这是感情归属的需求，这种需求比生理的需求要复杂得多，满足的方式也是多种多样。

尊重的需求包括自我尊重、信心、成就、对他人尊重、被他人尊重。这是人性中高层次的需求，当人性达到一定的成熟阶段，需要得到来自外部的认可。比如，希望自己有稳定的社会地位，要求个人的能力和成就得到社会的承认。这里，对尊重的需要又分为内部尊重和外部尊重。内部尊重是指一个人希望在复杂的社会大环境下自身具备实力、能胜任自己的工作、充满信心、独立自主。外部尊重是指在复杂的社会环境下，能够得到来自外界的认可和尊重。马斯洛认为，尊重需要得到满足，能使人对自己充满信心，对社会满腔热情，体验到自己活着的用处和价值。

最高层次的需求是精神层面上的追求，来自自我实现的需求，包括道德、创造力、自觉性、问题解决能力、公正度、接受现实能力等人性潜层次的满足。是指建立在外部条件上的实现个人理想、抱负，发挥个人的能力到最大程度，达到自我实现境界的需求。

这些需求因人而异，因外部环境的变化而变化。

人际沟通中，在潜意识里，你要求某人去做某事，在你同他沟通之前，你需要了解一下：我怎样能够使他"要"做这件事？他做这件事的需求是什么？想得到些什么？

这些问题可以防止我们匆匆忙忙去见某人，无结果地谈论我们的欲望。

人性是自私的，做某件事的动力是"为了……"，而不会平白无故地去做。如果你要求他去做某件事，而不能够实现人性的"为了……"，无法满足别人的需求，便找不到支持的理由去做这件事。

比如，你患了严重的感冒，走进一家医院，医院的医生认识你，知道你是一位有名气的人物。他没有关注你的病情，而是极力地吹捧你的能力、名气，完全不顾你此时的需求，相信你会非常气愤。

正在承受疾病折磨的你，潜意识里是对健康的追求，而对方则极力地满足你的"被他人尊重"的需求，尽管"被他人尊重"属于更高层次的精神需求，但此时并不属于你的根本需求，相信这位医生无法满足你的需求。

只有能设身处地地去了解他人的需求、了解他人心理活动的人，才能最大限度地满足别人的需求。

社会生活中，每个人都有自己的需求。人性的自私性让很多人做事往往只单方面强调自己的需求，而忽略或不顾他人的需求。人性需求是需要双方共同实现的需求,只有双方实现彼此的需求,这才是人际有效沟通的条件。如果单方面强调自己的需求,忽视或不顾他人的需求,我们反倒无法实现自己的需求。

　　管理者分为卓越的管理者和普通的管理者,为何有些人能成为卓越管理者,业绩显著,而有些人只能是平凡的领导呢?因为卓越的管理者善于从考虑下属的角度作为出发点,而后者只是想到实现自己的目的,没有考虑下属的需求与反应。人际沟通中的很多事例都取决于你抓住对方需求、满足对方需求的能力。

第五章
要有良好沟通，就要掌握分寸

在人际交往中，一句非常随意的话也可以引起听的人很强烈的心理反应，用通俗的说法来讲，就是"说者无意，听者有心"。好比平静的水，表面上看像一面镜子一样，但下面却暗流涌动。

心直可以，口不能快

与人沟通的过程中，言多必失，以慎言为主，实现有效沟通。

会说话，可以让一个人少奋斗十年。相反，不会说话，可能要多花费十年。

举个我的例子吧！

我刚刚参加工作不久，就因为说错话，挨了一顿骂。

当时，已经快到休息的时间了，打进来一个电话，问老严在不在，老严是经理，我知道这个人是经理的一个朋友，约经理谈点事。

我回答说："严经理半个小时前就出门了，这会儿应该在路上，马上就该到了。"

对方嗯了一声。

我想给经理的迟到找个托辞，于是又加了一句："严经理很忙的。"

我的动机很简单，告诉他，尽管严经理非常忙，但还是去赴约。却不想，对方突然提高了嗓门，说了一句："他忙？我不忙吗？"然后挂断了电话。

我觉得莫名其妙。

下午，严经理刚进公司，就劈头盖脸地训斥我一顿。

原来，我最后多说的那句为严经理找的托辞，让对方很反感。两人见了面之后，严经理的朋友直接把火发到严经理头上："你的下属说你很忙，似乎不太愿意接受老朋友的邀请似的，我感觉自己像个无所事事的混混……"

再来说一个我亲身经历的事。

我刚参加工作不久，领导交给我一个任务，我因能力和经验不足，工作进展得不顺利，后来，领导为了尽快完成这个任务，让我把任务交接给别人来做。

交接的过程中，我随口说了一句："这个case很难的！"

接手这个任务的同事很狐疑地看了我一眼，我以为他没有听清楚，又强调了一遍，而且提高了声音。

同事听了之后，很有情绪地说了一句："你解决不了的问题，并不代表别人也解决不了。"

"这个case很难的！"这句话说给别人听的时候，别人潜意识里，会出现这样一种心理：怀疑我的实力，对我的一种轻视。

想想吧，你轻视别人，如何让别人对你产生好感？当然，或许这句话对当事人来说，只是一句随口而出的话，但随口而出的话，可能到别人耳朵里，会变得格外刺耳。

有一则寓言小故事，让我记忆深刻。

故事说的是一个书生请客，约定的时间已经快到了，还有几个重要的人没有到场，心里很焦急，自言自语地说："怎么搞的，该来的人还不来？"

先到的客人听到了这句话，心生敏感："该来的没来，言下之意是不该来的却来了。"于是悄悄地离开了。

书生一看这种情况，更着急了，说道："怎么这些不该走的客人，反倒走了呢？"

剩下的客人一听，非常不高兴，心想："走了的是不该走的，言下之意是我们这些没走的倒是该走的了。"于是又都走了。

最后只剩下一个书生的同窗好友，看了这种尴尬的局面，对他说："话到嘴边三思何妨，理到真时斟酌无碍。"

书生大叫冤枉，急忙解释说："我并不是叫他们走！"

朋友听了思索一下，说："不是叫他们走，那就是叫我走了。"说完，头也不回地离开了。

故事虽然有些夸张，但我们也可以从中看出说话在人际交往中是多么重要。

在心理学中，有一个名词叫作"瀑布心理效应"。这是一种非常态的心理现象，指的是在人际交往中，一句非常随意的话也可以引起听的人很强烈的心理反应，用通俗的说法来讲，就是"说者无意，听者有心"。好比平静的水，表面上看像一面镜子一样，但下面却暗流涌动。

这种心理现象提醒人们，人际沟通的过程中，话到嘴边三思何妨？说话与做事一定要顾虑到他人的感受，给足人家面子，千万别因为一些话语和别人结下梁子。

心理学中，人在长时间观看一些动态事物，比如汽车拉力赛、运动项目之后，立刻观看静态的事物，视觉上会产生一种错觉，感觉静态的事物也在动，并且是朝着刚才运动状态的事物的相反方向。

美国科学家经过长期研究发现，这是一种直觉后效，借用神经抑制学说来解释它：人类的神经细胞是非常复杂的，成网状结构分布的，它们之间并不是孤立的，而是相互联系、相互作用的，当你长时间看某一动态事物后，与之相关的细胞就会疲劳，而抑制它与它相反功能的细胞也就相对地得到激活,当在看静态事物时,这种相反的运动错觉就产生了。

这种心理告诉人们,与别人交谈的过程中,你的某一个工作或者一句话,一旦激活了它相反功能的细胞,会激起它强烈的活动,原来的精神状态就会荡然无存,转而被一种与先前精神状态相反的状态取代,对沟通产生不利的影响。

从生理学的角度来说,人的五官各有所长,但也各有各的敏感区域。因思而出,因人而思,这两个敏感区一入一出,难免曲解、深解。

曲解、深解是听者所为,无法避免,关键是管好自己的嘴巴,这是天下最难的事。

甚至具有卓越口才能力的卡耐基,也曾有过因自己的"无心"而得罪别人的经历,这就说明,在与人沟通的过程中,说话的方式要有所考究。尤其是声量控制、遣词用句等方面要格外谨慎小心,否则就很容易遭到他人之"意"的曲解或深解。

与人诺必践行

人是现实中的,既需要看到明天的日出,也需要看到眼前的美景。眼前是伸手不见五指,又怎能为明天不知道是否有日出而前行呢?

曹操是历史上一位非常聪明的管理者。

三国混战,曹操率兵去宛城讨伐张秀。当时是赤日炎炎的七月,连日的奔波,将士们个个汗流浃背,口干舌燥,士气低落到了极点。

曹操看到军队越走越慢,便想到如果按眼前的状况走下去,很难如期到达目的地。此时,他心生一计,扬起马鞭,指着前方对下属军士高喊:"前方有一片梅林,赶到那里我们再休息。"

当兵的听到曹操的话,眼前仿佛真的出现了一片梅林,想到酸甜解渴的青梅,一个个争先恐后地赶路,最后终于按期到达。

曹操是一个聪敏的领导,他画了一个"饼",用一种潜在的"充饥"力量,成功地帮助士兵们解决了精神上的饥饿感,实现了自己预期的目的。

人心像需要上发条的闹钟一样,一旦失去了发条的鼓动,闹钟就会停止不前,任由时间在眼前一分一秒地流逝。

在本质上,人的情感和观念会不同程度地受到别人下意识的影响。此时的人们,会不自觉地接受自己喜欢、钦佩、信任和崇拜的人的影响和暗示。

而这种暗示，正是让人梦想成真的基石之一。

很多管理者画出了饼，却没有达到让人"充饥"的效果。

很多人抓到了"画饼"这张王牌，却糟蹋了这张王牌。

几天之前，我和表弟在一起吃饭的时候，他说："我想换一份工作，因为越来越讨厌老板的那副嘴脸。"

我询问原因。

他说，老板是世界上最会编织谎言的人，经常给他们画饼。老板经常拍着他的肩膀说："好好干。只要你努力工作，公司一定不会亏待你。用不了两年，保证你有房有车。"

我说，这是在激励你们，有什么不对吗？

表弟说，激励我们没有错，他每天都在"画饼"，但是他画的饼，非但不能充饥，还会让我们更加饥饿。

每次，老板刚一走，几个员工就开始嘀咕："今天老板又给我'画饼'了啊。"

"咳，甭信这个。什么有房有车啊，全是瞎扯，把女人当男人用，把男人当牲口使。只见他画饼，却从没有见过饼。"

这种只"画饼"，却从未给下属"吃过饼"的方式，是世界上最愚蠢的"画饼"方式。

企业中，给员工"饼"是管理者非常重要的一项技能。这里，可以将"饼"分为基于企业的"饼"和基于个人的"饼"两大类。所谓基于企业的"饼"，重点在于管理者对企业未来发展目标的前景勾画。通过勾画企业未来良好的发展前景，树立员工信心，加强企业与员工的联系，也就是"河里有水蛤蟆叫"。而基于个人的"饼",则偏重于员工的职业规划,即描绘未来随着员工能力与业绩的提升,所能够获取到的精神与物质奖励。

曹操留给后人如此珍贵的王牌,却被后人给浪费了。

令很多管理者苦恼的是,尽管他们在"画饼"上花费了很大精力,却很难取得下属的认同,更谈不上借此发挥"充饥"的力量。

就像上例中的老板一样,费尽心思地给员工"画饼",却招致员工暗地里的奚落。

在这个层面上,美国心理学家皮格玛利翁留给我们这样一个启示:

人心动力不足,需要外界给予赞美、信任和期待,这些激励、信任和期待具有一种能量,它能改变人的行为。当一个人获得另一个人的激励、信任时,他便感觉获得了社会支持,从而增强了内心动力,变得自信、自尊,并尽力达到对方的期待,以避免对方失望。这种激励、信任能够发挥动力的关键因素,是需要这些都处于伸手可及的地方,或者通过努力能够得到的地方。

皮格玛利翁曾经做过一个实验:

在大街上的一根标杆上,距离地面5米的地方放一粒钻石,并宣称:"不借助外物,谁能碰到这个钻石,这个钻石就归谁。"

一时间,很多人跃跃欲试,但是,后来他们发现,这个是根本不可能完成的事情。慢慢地,再也没有人凑这个热闹。

这告诉人们,即便是钻石这种极具诱惑力的东西,一旦到了不可及的地步,就不会再有人关注。

这被称为"皮格玛利翁效应"。

发挥"画饼"的力量,重点在于把握以下几个关键环节:

"饼"是有理有据，而非空中楼阁。

"画饼"之所以不能"充饥"，是因为"饼的位置"不能取得下属的认同。也就是说，在下属看来，管理者所勾画的"饼"过于虚无缥缈，不具备实现的可能，自然也就无法产生工作的动力与激情。

正如前文所说，有很多管理者都在给自己的员工不遗余力地"画饼"，但这些"饼"有多少是停留在口头层面而没有落实为制度的呢？在口头承诺中，待遇、发展机会、更高的职位……种种美味可口的"饼"在管理者口中犹如滔滔江水，奔流不绝，但是事过之后，这些在下属心中能够留下多少呢？

很多管理者认为，"饼"最终变成现实的时间还过于遥远，似乎大可不必把它弄得过于正式。但是对于下属而言，画出的"饼"就是合同与制度。

比如，很多人所熟悉的彩票，500万就是彩票画出的"饼"，但是从没有人怀疑过"我中奖后是否真能拿到钱"，原因就在于，彩票的机制是相对完善的。

对于下属而言，他们需要先尝一口"饼"是什么味道，是不是他想吃的，他有感觉了，这个才是他的努力方向。

不要总想着改变别人

不要试图去改变别人。

纽约市的黑人议员戴维斯,被其政敌艾斯丘连射4枪,艾斯丘又被当时的值勤警察连射6枪。血案过后,两人双双被送往医院,不治身亡。两个人都来自纽约布鲁克林选区,曾参加议员选举,让两人死于非命的原因,竟然是选举过程中,试图让彼此改变初衷,导致发生激烈的争吵。

纽约《纽约客》杂志在第二天刊登了这样一首打油诗:

这里躺着的是戴维斯与艾斯丘的尸体,

他们离开之时带着未完成的改造事业——

他们是对的,死也是对的,匆匆地死了,

两个人的死如同他们的错误是一模一样……

两个人在对彼此进行改造的时候,或许都是对的,但从改变对方的动机上来说,已经错得离谱。为什么去改造对方而且是彼此改造对方?

这无异于两只想将对方置于死地的狮子——结果注定是一场厮杀。

我与妻子在恋爱时期,和谐而甜蜜。九个月的恋爱经历,我们彼此察觉到对方是如此有个性,两个人是如此合适。她的观点、思想我完全理解并接受——有意见完全保留;我的观点、思想她完全赞同并给予支持——有反对意见完全摈弃。

新婚前夕，我曾用一句话形容我们的关系——我找到了丢失的那根肋骨。

然而，婚后我发现，找到的这根"肋骨"却"刺痛"了我。每个人都是一个相对独立的个体，"我"就是我，"她"就是她，我们都难以令对方改变。

组合成家庭之后，生活总是不断出现摩擦、争吵，一些生活的琐事都会引起摩擦——我们曾经因为厕纸有没有以格子作为使用标准线而大吵一次。

直到不久前的一件事，我才突然明白：家庭中，两个人往往不自觉地要求对方以自己为中心，用自己的标准来要求、衡量和约束对方。两个独立的个体，难免会出现摩擦。

家庭生活中，我们都在试图改变对方的步伐，让对方的步伐与自己保持一致，却完全忘记了调整自己的步伐。然而我们只能试图改造自己，不可能去改造对方，不管他和你处于一种什么关系，你可能会影响他人，但你改造不了对方。

林肯是美国历史上最伟大的总统之一，但是人们对他的家庭生活却颇有诟病。

他的妻子玛丽是一个性格刚强的人，在与林肯订婚前，包括她姐姐在内的许多人都加以反对，理由是他们门不当户不对。但玛丽直截了当地告诉他们：林肯有前途，是她所遇到的最理想的对象。后来林肯成为总统，有人提起她的"先见"，她只轻描淡写地说：

如果他当不上总统，我当初就不会嫁给他了。尽管他看上去并不十分漂亮，但言谈举止中可以看出他能够是一位伟大的总统。

玛丽是一个控制欲极强的人，她让林肯完全按照自己的意志办事。夏天的时候，林肯喜欢穿短袖，但他的妻子却总是试图改造他，理由很简单：你是我改造出来的总统。

从日常穿衣到生活方式，林肯说："我的前三十年和后二十年完全是两种人的生活——这一切都是拜玛丽所赐。尽管我很不情愿，但为了让耳根清净，我只好做一些自己不愿意做的事情。"

因此，在林肯的笔下，他的妻子玛丽成了一个十恶不赦的女人——尽管人们一直以同情心来看待玛丽略带悲哀的一生。

与林肯的家庭生活截然相反的英国政治家狄斯瑞利，却有另一番幸福的生活。

狄斯瑞利说：我一生或许会犯许多错误，但我打算为爱情而结婚。

尽管身边不乏追求者，但狄斯瑞利在35岁以前没有结婚。直到他单膝跪在一个有钱的、头发苍白且比他大15岁的寡妇玛丽安面前求婚时，他才走进家庭生活中。

这个比他大15岁的女子，知道他不爱她，知道他为她的金钱而娶她。但她却没有拒绝他，只是要求一件事：请他等一年，给她一个机会研究他的品格。

十个月之后，他与她结了婚。

狄斯瑞利的婚姻引起很多人的嘲笑，英国所有的人都不看好他们的婚姻。英国的《世界新闻报》毫不留情面地说，他们的婚姻破坏、玷污了婚姻。他所选择的有钱寡妇既不年轻，也不美貌，更不聪敏。她说话时常发生文字或历史错误，令人发笑。

然而，他们的婚姻却成为全英国人最羡慕的婚姻。三十年后，《世界新闻报》在同一刊、同一时期，用最大的标语写上——一个十足的天才，在婚姻中最重要的事情——处置男人的艺术上。

当狄斯瑞利一整个下午与政敌们钩心斗角，谈得精疲力竭之后，回到家里，玛丽安的轻松闲谈使他日增愉快，家成为他可以心神安宁，并沐浴于玛丽安的敬爱与温存的地方。

"与玛丽安在家所过的时间，是我一生最快乐的时间，她是我的伴侣、我的亲信、我的顾问。每天晚上我由众议院匆匆回来，告诉她发生的新闻，而这是重要的——无论我从事什么，玛丽安都给予我支持——相信我。"

狄斯瑞利在自己的回忆录中写道：

30年来，玛丽安为我而生活，她尊重自己的财产，因为那能使我的生活更加安逸。反过来说，她是我的女英雄，在她死后我成为伯爵；但在我还是一个平民时，我就劝说女王擢升玛丽安为贵族。几年后，她被封为女爵。

玛丽安让我明白，她是一个智慧的女人。夫妻需要的不是改造，而是适应。

玛丽安不是完美的，但30年来，她从未厌倦谈论、称赞她的丈夫。结果呢？我们已经幸福地生活了30年。

我们要学习一个时时有用的经验：我们要学会使我们的客户、朋友、配偶，在偶然发生的小事情上的讨论中，胜过我们。

与人沟通的过程中，不要试图去改变别人，这是吃力不讨好的事，没有人愿意被别人改变，不要给自己和他人制造摩擦，尤其是夫妻、朋友之间。

在面对有分歧的意见时，要学会用绅士的方式处理：我尊重你的观点，我尊重你的选择，我尊重你的爱好。谈得来，顺利实现沟通；谈不拢，互相理解包容。

尤其是关系越亲密的人之间，更应该如此。千万不要试图用自己的价值观、人生观去改变对方，不要以对错为起点，对错只是标准不统一而已。更不要试图把自己的意愿和意志强加于对方，否则，再好的关系也会逐渐疏远。

废话少说为妙

不要闲谈，真正高尚的人，是没有兴趣在背后议论别人的。

中国人是很喜欢闲谈的，一直都是。

因此，中国的老话中，有这么一句警示语：静坐常思自己过，闲谈莫论他人非。反映了中国人明哲保身的处世之道。

闲话少说，我来举一个例子：

下班了，几个人高高兴兴地往外走，浑身充斥着一种解放的感觉。

突然一阵脚步声从身后传出来，"你们知道吗？我们的主任有狐臭。冬天闻不到，夏天的时候就使劲往身上喷香水，可还是遮不住狐臭味，可难闻了！"她透了一口气，津津有味地谈论着。原来她刚刚听说，主任身上有狐臭味。她急匆匆地跑过来要告诉我们的"重要消息"居然就是这么一件事。说完之后，她以一种特有的优越感看着我们，似乎这是一个事关重大的消息。

另外一个长嘴巴接着说道："怪不得她的身上总是香香的，原来是为了遮住难闻的狐臭味。"

另外一个同事说："这样在背后议论别人是非是不是有点不厚道？"

几个声音同时说道："哟！你还真是君子啊……"

声音尖酸而刻薄。

看看，这就是人性的劣根性，人多并不一定反映民主，还有可能是合起伙来作案。

穿过幽静的小径，再往下走，就是图塔卡蒙国王生前居住的寝宫。

哈迪达诺抿着嘴，越走越快。

"哈迪达诺，你现在是越来越受蒙特罗的器重了。"

"是啊，大皇子是我埃及的储君，他继位了你一定跟着沾光不少。"

"图塔卡蒙国王的几个皇子中最出类拔萃的就是大皇子，狄斯皇子和辛提卡纳皇子和他相比都算不了什么。"

"狄斯？呵呵，他连埃及皇子的服饰都不想要，成天穿着平民的衣服在王宫里晃来晃去，真是有些好笑。"

"嘘！哈达迪诺，可别那么说！狄斯殿下好歹也是皇子！"

"怕什么？我说的都是实话！图塔卡蒙国工曾经告诉过我一些关于他的事，其实平民的衣服还挺适合他的，比他那身皇子的长袍适合多了……"

"住口！"图塔卡蒙国王终于怒不可遏地吼了起来。他本无意留心侍卫们的闲谈，可是听到了狄斯的名字，他忍无可忍地冲了出来。

于是，图塔卡蒙国王用尽了生平最后一个咒语：谁干扰了法老的安宁，死神之翼将降临在他头上。

从此，再也没有人敢在法老的坟墓前闲谈。

语言沟通是人类生存的最重要工具。为了生存，人们需要彼此传达感情，使身心获得生存的条件。人是群居性的动物，会有孤独、害怕等负面感情，需要与人交谈、交换意见，而谈话就是最好的消除负面情绪的方式。

心理学研究发现，与人交谈的过程中，谈论天气、运动、游戏、政治等方面的话题，我们并不能得到多大的教益和知识。但是，谈论的这些毫无根据、不着边际的话题，则会极大地刺激到人的大脑中的一些"边缘"神经。在神经的刺激下，大脑的神经细胞既能传导兴奋，又能合成分泌激素。

因此，从人性的角度，我们必须承认，闲谈有着刺激神经系统的好处。

然而，闲谈属于人性的劣根性，毕竟属于一种负面的习性，必须避免。

闲谈的特征非常明显，不问事实，不去调查，不加考虑，多体现为添油加醋。这种闲谈的出发点是怯弱的、妒忌的、虚伪的，不问事实的准确与否，就此捕风捉影，搬弄是非，破坏别人的名誉，以获得自己比别人优越的快乐。

这种卑劣的行径，实在是再可怜不过了。

天台宗的祖师智者大师在即将圆寂的时候，召集所有的弟子，最后一次讲解佛法。

弟子问道："师父，您去世之后，会在哪里转世？我们又该拜谁为师？"

智者大师回答说："如果不能磨炼自己的善根，只听别人说功德，又有什么用呢？这就像盲人问牛奶是什么颜色一样，不如先喝了牛奶更实在。重要的是，从今以后要培养自己的善根！"

文艺复兴时期的画家拉斐尔说："一个聪明的人，知道如何提出正确的问题，并且仔细地聆听，慎重地答复。当无话可说时，就立刻闭上嘴巴，不再东拉西扯。"

"闲谈莫论人非，静坐常思己过"的处世格言，目的就在于想要告诫人们，不要去说三道四，要在适当的时候保持沉默。

释尊在世的时候，周围的人常喜欢说些无聊的话。弟子在修行时，也常聊些杂事。有一天，释尊对这些弟子说："比丘们，你们要彻底地学会两件事，一是要说有意义的话，二是要适度地保持沉默。"

在为人处世的时候，要遵守说话的规矩，说话要慎重，不该说的话就不要说，该说的话要当面说出来。一个人对自己平日所说的话，要有随时敢于负责的决心。古人以"祸从口出"来劝诫我们，可是现代的人却"信口开河"，造成他人的困惑。

闲谈中的废话是最直接的噪音，如果噪音传播出去，则会变成公害，这里的闲谈就是一种口害了。瑞士哲学家马格斯·帕克特在《沉默的世界》一书中也提到："话来自沉默，也回至沉默中；噪音来自噪音，又回到噪音中。"噪音就像流水，永无休止。

生活中，和喜欢闲谈的人要保持距离，因为喜欢跟你闲谈的人，也会说你的闲话，让你陷入麻烦的境地。

闲谈是为了满足一种虚荣心理，要达到这个目的，只有两种方式：一种是积极地训练自己，掌握一种特长，用这种特长再服务他人，使身心得到愉悦感；另外一种方式是通过闲谈别人，获得一种控制和改变别人的优越感，满足自己的虚荣心。

对喜欢闲谈的人，要与之保持警戒。中国人讲究礼尚往来，如果别人和你说一件别人的私事，出于回礼，你会在不由自主之中将自己知道的事情告知别人，这样的话你就大错特错，要做的不仅是紧紧地闭上自己的嘴巴，还要将别人和你闲谈的事情尽快忘掉，如果记在心里，只会徒增你的烦恼。

人总是为一些小事烦恼，为此，他们浪费了很多不可能再补回来的时间。应该把时间用在值得做的行动和感觉上，去做应该做的事情。

没有人喜欢被强迫

没有人喜欢被推销、被强迫,提出建议,将最后的决定权交给对方。

几天前,在我身上发生了一件非常有趣的事情:

关掉电脑,收拾办公桌准备离开,我接到朋友的电话:麻烦你去我老婆那里,把家里的钥匙拿给我。

他的老婆刘欣与我是同事。

凭直觉,我知道他们两口子闹矛盾了。我无心介入小夫妻之间的矛盾,但问题是,朋友找到了我,我总不能袖手旁观。

我想撮合他们两个,对刘欣说:"你老公在楼下,让你把家里的钥匙送下去。"

她拿出来,说:"我不想理他,麻烦你帮我送下去。"

看来问题还不小。

这件事过了有半个月,偶然的机会,我对刘欣说:"小夫妻床头打架床尾和。"

我是在试探他们矛盾解决得怎么样了。

后来我才知道,他们的矛盾由来已深。

刘欣告诉我他们夫妻俩已经一个月没讲话了。

我问为什么？是吵架了吗？还是因为什么原因？

她说，老公的手机用了好几年了，修了两次了，该换个新的了。她从广播里听说了一个品牌的手机，功能很多，也不贵，实则是便宜的山寨机，就想给他买一部。跟他说了，他坚定地说不要。他想买两千多块钱的手机。她没经过他同意就把手机买回来了。他不要。俩人就生气了。她不明白为什么男人非要用那么贵的手机。便宜又怎么了？不是也能用吗？

原来是这样。我对刘欣说："你呀，人家都说不要了，你非要买。再说，男人都是好面子的，谁不想用高档的手机啊！你的化妆品一年两千多，你咋不用便宜点的呢？"

刘欣说："那不一样。化妆品必须用好的，不然对皮肤不好。手机只要能打就行了。"

我只好作罢。

我想对她说："我们都应该学会站在对方的角度去思考问题。不要把自己的思想强加给对方。每个人都有自己的思维方式、处理问题的方法、消费观念。也不要因为自己的思想、行为没有被对方接受而生气，这是很愚蠢的。而且，夫妻之间长时间的不沟通、不理睬，更会造成夫妻感情不和谐。"

其实，在现实生活中存在很多这样的事例，我们总习惯用自己的方式、自己的眼光去要求别人，总想让别人按照自己的想法做事。这是不正确的。

人性的劣根性，总希望自己凌驾于别人之上，不管是思想还是地位。如果遇到与自己不同思想的人，便会想方设法地修改、强迫对方接受自己的思想，以满足人性的统一性。

换位思考一下，没有人喜欢被选择、被推销、被别人强迫去做一件事。

我们希望的是，能够发挥主观能动性地去购买，或者按照自己的意愿去做一件事，不希望别人从旁干涉，更不用说被强迫了。

美国推销员吉拉德在对推销员进行培训的时候说："没有顾客喜欢被推销。"

吉拉德刚刚说完，其中一个学员站起来，问："既然没有顾客喜欢被推销，那你还培训我们做什么？"

吉拉德说："这正是你们接受培训的价值所在。"

接着，吉拉德讲了自己朋友的故事。

吉拉德有个做室内设计的朋友安德森，他是一个优秀的设计师，经常会有一些新奇的设计观念。因此，整体来说，他的生意还不错。

他有一个朋友，是个装修公司的小老板，有着大批客户，安德森想通过他的朋友开拓市场，便经常去拜访他的朋友，向他推销一些新奇的设计，但是他的朋友从未使用过他的设计理念，一次也没有。

这让安德森很苦恼。连续失败几十次以后，他意识到自己一定是局限于旧框架里了，所以没有成功。这天，他强行要求孩子多穿一件衣服时，遭到了孩子强烈的抵触。他的妻子说："你不能因为你需要添加衣服，就决定了孩子也需要添加衣服，不能把自己的意见强加在孩子身上。"

这给了他很大的启发。

他挑选出6张自己还没有完成的设计方案，找到了他的朋友，"我想请你帮我一点忙，这里有些尚未完成的设计，请你告诉我，如何能够将它们设计得更完美，以适合你的顾客使用。"

三天后，他的朋友通知他，有两个顾客挑中了其中两种设计风格，决定重点开发一下。

后来呢,安德森通过他的朋友,成功地完成了十几单业务。

没有人喜欢被推销,但是他们喜欢听到别人的建议,而且将最终的决定权交给自己。

通往罗马的大路有很多条。作为指路人,你需要建议他走哪一条路,而不是决定他走哪一条路。最终的决定权只有一个人,那就是前往罗马的人。

要实现有效沟通,不能强迫他人接受你的观点、意见、思想。不管是夫妻之间、朋友之间、同事之间,还是领导和下属之间,甚至包括家长和孩子之间,都应该学会接纳、包容,更重要的是理解他人的想法、尊重他人的选择。

人性决定每个人的主角是自己,人都会对自己的想法抱有更大的信心,对别人给你提供的想法,在心中只能作为一种建议。相比较而言,每个人还是会对自己的想法有更大的信心。

如果你要将自己的意见强加于人,等于让别人对自己的信心削弱,转而对你有更大的信心,这与人性是相互冲突的,注定很难能够实现。

强迫的意见,如果确实正确,事实终会证明这一点。但是如果你的意见不对,你非得强迫别人接受,别人要么不大愿意接受,要么接受后对自己产生不利的后果,那你的强迫岂不是变成了一种罪过?

因此,我们需要采取一种更好的策略:只向他人提供自己的看法,将最后的决定权交给对方,让对方觉得那是他们自己的主意。

喋喋不休是毒药

喋喋不休的唠叨是害人害己的毒药，一定要远离。

美国第16任总统亚伯拉罕·林肯在白宫的时候，承认自己的家庭生活很不幸，这一切是因为他有一个喜欢唠叨的妻子。"如果家庭中有三分钟的宁静，这是我的最高希望了。"

如果一位历尽种种挫折而坚持奋斗的最伟大的男人，所能希望得到的仅仅是三分钟的家庭安宁，你是一种怎样的感觉？

如果你确定身边没有一个喜欢唠叨的人，也确定自己不是一个唠叨的人，你可以很自豪地对自己说："我比亚伯拉罕·林肯这个坐上总统宝座的男人要幸运得多。"

然而，如果你不能确定身边没有一个喜欢唠叨的人，也不确定自己不是一个唠叨的人，为什么你不能打消这种不确定呢？

语言是人类最重要的交际工具，也是人类的思维工具。它发挥着传情达意、交流思想、消除误会、拉近距离、增进了解的作用，是所有声音中最动听的声音。

然而，如此动听的声音，如果利用不当，则会成为一种令人发狂的噪音。

如果你想表达感情，可以用神情、声调、手势等。当然，语言是最方便的途径，不受天气、光线、障碍物的影响。如果将语言变成了唠叨，你还能正确地表达你的感情吗？

永远不能！因为这样，你直接否定了你最美丽的工具。你的方式只能使他反击，永远不能使他愿意主动接近你。你可以用人世间所有的词汇去组织你的语言，但你却不能获得他的任何好感，因为你已经在挑战他的承受底线了。

不要一开始就用连续不断的词汇去表达你的感情，这样是不好的，因为这样就等于说"我将穷尽人世间的语言去达到我的目的"。

这是一种地毯式的轰炸，只能引起别人的反感和抵触。

在家庭生活中，一个女人的唠叨给家庭带来的不幸远远超过奢侈浪费。亚伯拉罕·林肯就是最好的证明。

同样，苏格拉底的妻子兰西波是出了名的爱唠叨的女人，为躲避她，苏格拉底大部分的时间都躲在雅典的树下深思哲学，他的一生饱受妻子的唠叨之苦。

苏格拉底这样描述他的妻子：

她的一张嘴巴，足以遮盖她身上所有的美丽。

然而，兰西波却始终没有意识到这个严重的问题，而且可笑的是，她总是以为可以用唠叨来改变丈夫，直到苏格拉底选择和她离婚，她依旧没有改变自己的丈夫。

其实，用这种方式改变男人，一点效果都没有。真想让它起作用，得等到世界毁灭的那一天。

美国著名的社会学家伊万曾经做过一份调查，结果显示，男人讨厌女人的行为中，排名第一的就是"啰唆唠叨"，远高于排名第二的"不爱打扮"。男人选择伴侣时，容貌是一个重要的参考因素，但是在唠叨面前，男人宁可接受一个容貌丑陋的女子，也不愿意忍受一个喜欢唠叨的美丽伴侣。

我的父母在一起生活35年了，我和父亲探讨过这个问题，他告诉我：

当我们唠叨的时候，我们或许自己并不那么认为，我们会认为这是一种正常现象，甚至会为我们的豪爽、豁达而自豪。其实我们没有发现，我们正在将别人不喜欢吃的食物强行塞进别人的嘴里，即便明明知道这样是行不通的……

比如，你的母亲常常对我发号施令，如果得不到回应，就会不断地重复要求："你究竟什么时候去换灯泡？"

这让我感觉很不爽，即便我最后完成了这个使命，但我却很不乐意。

最可怕的是，有时候她的唠叨将我的自信心都腐蚀掉了，就像一块石头被不停滴落的水珠侵蚀掉那样，甚至我开始对生活和工作失去信心。

接着，父亲告诉了我一件事情。

他的一个同事，妻子整天唠叨，暗示他能力不足。丈夫则认为，自己做事自有分寸，轻重缓急都能掌握，不需要别人指示。在妻子的唠叨中，他丢掉了他的工作，他的妻子也和他离了婚。不过离婚后，没有想到的是，他像一个生过病的人一样摸索着重新恢复了健康，并在工作中取得非常不错的成绩。

唠叨是在带有强烈的情绪发泄的过程中逐渐形成的，一旦成为习惯就像对麻醉药上瘾一样很难改掉。

心理学家梅奥曾经说过，如果一个女人在20多岁刚结婚时，就整天被不健康的情绪感染着，整天唠叨着，那么等她到40岁时，她的情绪将一塌糊涂，没有什么事能让她满足，她将成为一个无可救药的、令人讨厌的唠叨女人。

倾诉、抱怨、轻蔑、嘲笑、喋喋不休……一旦人被这些负面情绪感染后，处理不好，就会转化成喋喋不休的唠叨。唠叨是一种残酷的行为，具备这种行为的人实在是太可怕了，因为这是最高明的杀人不见血的方法。

林肯因为妻子的唠叨，宁愿一个人孤独地生活，也不愿意回家与妻子团聚；苏格拉底宁愿选择与妻子离婚，也不愿意忍受唠叨……

现在你应该相信唠叨会给人带来巨大的副作用了吧！

当然，如果你想知道自己是否唠叨，问问你身边的人就知道了。如果别人说你是一个爱唠叨的人，你一定非常震惊继而愤怒不已，不过不要急于否认，那只会证明别人的看法没错而已。

拿破仑深知唠叨的危害性，因此，他向他的士兵传递命令时，只说一遍，以恰到好处的语言宣传一遍，既不冗余也不缺失。

如何改变这种唠叨的习惯呢？

1. 避免重复讲话

一句话说了超过四次，就已经是在唠叨。另外，一句话说了四次以上，说明根本没有见到效果，既然这样，又何必还要浪费唇舌？唠叨只会使他下定决心决不屈服。

2. 冷静对待消极的情绪

如果感觉到自己处于消极的情绪中，不要急于发泄出去，暂时将想法写在一张纸条上。等到冷静下来时，再仔细地思考这件事。

3. 用温和的方式达到目的

"一滴蜂蜜比一勺胆汁能够捕到更多的苍蝇。"这句话仍然适用于今天。要想达到你的目的，不妨使用一些温和的方法。这些温和的方法，将会让你的目的更容易达到。

4. 学会激励

利用激励，而不是强迫别人去做你强迫别人做的事，这是人际沟通中必须掌握的一门艺术。如果我们不用激励的方法，而是用唠叨的方式去推动别人行动，那么，要想达到自己的目的会很难。

5. 培养自己的幽默感

以幽默的方式对待发生的事情，会让你的心情舒畅。那些常常为芝麻般的小事而影响情绪的人，早晚会精神崩溃的。

不管是男性还是女性，都应该对唠叨引起足够的重视。因为这是在消极情绪下，最容易出现的错误。而且一旦养成习惯，将很难能够改掉。

林肯和苏格拉底这些伟人之所以生活不幸福，就与家庭生活有关系，而且他们都有一位喜欢唠叨的妻子。因此，如果你想让自己获得幸福，也让他人幸福，那就从现在开始——不再唠叨！

别做无谓的争论

提高自控能力，避免无谓的争论。

在进入主题之前，先让我说个笑话：

孔子的弟子颜回和一个耕农发生了争论，耕农认为四乘七等于二十七，颜回则认为四乘七等于二十八。争执不下，两人争论了一天一夜，谁也没有说服谁，最后只好去找孔子论理。

孔子听完之后，用戒尺狠狠地打了颜回二十戒尺。颜回感到非常委屈，很不服气，责怨孔夫子处事不公。

孔子却说："你竟和认为四乘七等于二十七的人争论，本身就很愚蠢，难道不该受罚吗？"

孔子的话说得很有道理。有理不一定非要争辩，即使有理，若是纠缠于一些无谓的争论，实在是一件愚不可及的事。

我说这个笑话，是要说一个问题：不要在一些无谓的问题上争论，这是愚蠢的行为。

再来说一个有趣的故事：

在宁波机场，我刚刚走进机场，就看到一个身材高大的年轻人，在人群中格外醒目，周围的人还对他指指点点。看到他时，我的第一反应：这应该是一个篮球运动员，也许是 CBA 某球队中的一员。

当他走近我时，我看到他的衬衫上印着：不，我不是篮球运动员。

这让我感觉到很幽默。

他走过之后，我特意扭过头去看，发现他的衬衫后面还印着：你爱乒乓球吗？

候机的时候，我恰好和他距离不远。

我走过去问怎么穿一件这么幽默的衬衫。

他笑笑说："这不算什么，我家有一打（12件）这种衬衫。我最喜欢的一件印着'我身高2.12米，上面的空气很新鲜'。"

他继续说："我16岁到18岁这两年，整整长高了26厘米。不管我走到哪儿，人们都指指点点地议论我，和我争论身高那么高，为什么不去打篮球。最后妈妈告诉我说，既然你不愿意和他们争辩，索性就加入他们。正是她想到让我穿这种衬衫的。"

他的妈妈真是聪明的母亲，而他则是一个聪明的青年。

生活中，很多的小事都会引起争论，这些无谓的争论容易使我们失去冷静。如果这些争论使你烦恼，不妨把心放宽。眼里容不得沙子的人，不能评价为正直，只能说他太戾气。

这天，我去朋友的公司找一点资料，中间发生了这样的事情：

朋友的秘书说，一个老客户打来电话找他，朋友要求把电话接进来。我准备起身出去，毕竟这属于公司机密，朋友示意我坐下，不碍事。

朋友按下接听筒，刚刚说出你好，就听对方发出一串牢骚：

我两周前就索要商品目录，但至今未收到，你们干工作怎么这样？

我紧张地望着朋友，在猜想他如何解释，会不会解释说负责这单业务的职员请假了，或者说是自己秘书的错之类的。

出乎我的意料，朋友说："您说得对，很抱歉让您至今未能收到。如果您能把地址告诉我，今天我会亲自给您送过去。"

对方随即说道："不用麻烦了，你安排一下吧，尽量给我通过邮件发过来吧！"

我问为什么不找借口搪塞，朋友说："如果对方的抱怨理由充分，没有必要多费心找借口。相反，承认对方抱怨有理，并表示歉意，这会有助于问题的解决。"

朋友是有智慧的人，在别人抱怨时，不做争论，这是避免冲突的最有效、最简单的方法。

在别人抱怨的时候，不需要争论，告诉对方你很抱歉，这并不等于自认有错，这只是认可对方的抱怨并以此消解抱怨。

随即，采取正确的措施弥补，而不再纠缠在无谓的事情上。

人性的统一性让人对自己很自信，认可自己接受的知识并通过知识解决的问题，不会怀疑自己做的事情是错误的。

比如，人最看重的相貌。没有人会觉得自己的相貌丑陋，这是因为人性中最认可的是自己，最相信的是自己。

任何一个人，都无法闻到自己的口臭，更无法看到自己脸上的痦子。

人性的缺陷导致我们在看到一些与自身不符合的事物时，有一种使之改变为与自身相和谐的想法，这样就非常容易与别人发生争论。

美国总统林肯在自己的日记中记录了这样一段话：

任何下定决心有所成就的人，决不肯在私人争辩中耗费时间。争辩的结果，包括发脾气失去自制，其后果往往是令人难以承担的。与其跟狗争辩，被它咬一口，倒不如让它先走。否则就算宰了它，也治不好你被咬的伤疤。

美国教育家卡耐基在《人性的弱点》一书中写道：

有一种方法能得到争辩的最大利益——那就是避免争辩；避免争辩就如同避免响尾蛇和地震一样。

与人争论绝没有最终的胜利者，只会使矛盾加深。

争论的双方，一方的意见被对方证明错误的时候，他会有一种被侮辱的感觉，这种侮辱感会被急速地扩大，将别人对意见的否定上升到对人格的否定。而胜利的一方，一定认为自己的意见绝对正确，进而将对对方意见的否定上升为对对方全部的否定。

这就像斗鸡一样，谁胜谁败没有关系，牵扯关系的是斗鸡的主人。斗鸡输的一方，他的人性中的缺陷会将自己定格在自己的人格被别人打败，而胜利的一方，眼中看到的不是自己的斗鸡赢了，而是自己的人格胜利了。

上升到人格的高度，是一个非常可怕的问题。

争论对一个人精神上、身体上的损害还在其次，最大最可怕的影响，是在人际沟通上。争论发生的双方，就会降低合作的可能性。

争论可以避免吗？

当然可以。

喜欢争论的人，无非是为了证明自己，想证明他的无所不知、无所不能。既然这样，为何不退让一步，满足他的这种心理需求呢？

顺着别逆着就行了。不管他提出的问题如何，你以礼告之，告诉他你赞同他的意见。人在自满的时候，戒备心是最低的，再做出最合适的选择，实现预期的目标。

避免无谓的争论，可以使我们排除干扰，不为外界所累，投入全部的精力处理最正确的事情。

避免无谓的争论，需要有虚怀若谷的态度，看透争论，你就不会因别人的意见与你不合而懊恼了。

任何肯花时间对你表达不同意见的人，必然和你一样对同一件事情表示关心。把他们当作要帮助你的人，就可以将争论转为合作。

要实现有效沟通，绝不能对任何人——不论其智力高低，都通过口头的争斗去改变他的思想。

不要争论，合作不是通过争论能够实现的。

通过争论取得的深厚功力，是空洞的，是得不偿失的，因为你永远得不到对方的好感。

第六章 柔软沟通比暴力沟通好得多

为人处世的过程中，完美的人并不招人喜欢，"断臂的维纳斯"因为残缺的手臂更富有魅力。强者就需要适当地示弱，不要事事都追求更上一层楼，适当地退后一步，适度地暴露些"瑕疵"反而会成为人际交往的润滑剂。

不要总是以己度人

要了解一个人,需要经过深入的了解,投射效应并不能完全作为参考的标准。

美国第38任总统福特,曾经是密歇根大学的橄榄球明星。

由于福特本人性格优柔寡断,在处理问题时,做不到当机立断,时常会错过很多机会。在大学内部举行的橄榄球比赛中,由于他处理关键球的时候优柔寡断,失去了胜利的机会。

赛后总结时,福特首先发言:

球队中的一些球员,总是戴着假面具去完成一场比赛。那个假面具,不但希望别人喜欢看,自己看了也会觉得很得意。可是我们为什么要戴假面具,掩饰自己的本来面目呢?因为我们知道自己性格上的缺陷——懦弱、胆小,所以要用假面具来掩饰缺陷……

后来,福特在自己的回忆录中写道:

那场比赛结束后,我发现了自己性格中的缺陷。为了寻求心理平衡,我将自己的缺陷,我自己根本不能接受的性格特征投射到其他球员身上,在我心中,我一直坚信,他们也具有这些性格上的缺陷。

其实,我想说,这仅仅是一种自我保护的意识,可以让我心灵上获得安宁。然而,很不幸,在我的话还没有说完的时候,就被森马博士粗野地打断了:"戴着假面具的人,往往会影响自己对人和事的正确判断……"

我知道,他指的是我,这件事促使着我下定决心改变这种心理缺陷。

福特将自己"不能接受的性格特征投射到其他球员身上"和中国古代的"五十步笑百步"有同样的效果,士兵自己因为违反军纪临阵逃脱,这是怯懦的表现。为了寻求心理平衡,出于自我保护的心理,会嘲笑比自己跑得更快的人,以达到减轻自己心里的不安的目的。

比如,这段话:

看一个国家的国民教育,要看国家的公共厕所。看一个城市的发展水平,要看这个城市的下水道。看一个男人的品位,要看他的袜子。看一个人的心术,要看他的眼神。看一个人的身价,要看他的对手。看一个人的性格,要看他的字写得怎样。看一个人是否快乐,要看清晨梦醒时的一刹表情。看一个人的胸襟,要看他如何面对失败及被人出卖。看两个人的关系,要看发生意外时,另一方的紧张程度……

这里所说的公共厕所与国民教育,发展水平与下水道,性格与字的关系等,就是一种投射效应。

在人际交往中,一个人对别人的认知过程,首先是在潜意识中形成一种假设,假设他人与自己有相同的特征,即把自己身上的特质投射到其他人身上。

简单来说,在一个人的潜意识中,认为自己具有某种特性,别人也一定会有与自己相同的特性。这是一种将自己的感情、意志、特性投射到他人身上并强加于人的一种认知障碍。

美国总统林肯在竞选上总统之后,将自己的竞争对手蔡思任命为财政部长，并尽力与他减少摩擦。通过将政敌变为朋友的方式，消灭自己的政敌。

然而，蔡思嫉妒心非常重，一直狂热地追求最高领导权。他本想成为美国总统，却被林肯"挤"了，他不得已而求其次。

但他对林肯却一直怀有抱怨，总是找机会嘲笑林肯。

这天，蔡思正好找到了一个机会，在一次慈善晚宴中，林肯正在与别人交谈的时候，蔡思端着一杯酒走过来，半开玩笑半认真地说："尊敬的总统，我从侧面看你的脸，我看见一张驴子的脸（林肯的脸比较长）。"林肯则是微笑着说："我看你就像看到了仁慈的上帝一样。"

林肯幽默的话语化解了尴尬。

蔡思觉得自己占了便宜，很是得意。事后，他得意地向自己的助理罗斯说起这件事，罗斯说："尊敬的部长，你错了。有句话说'人心自现'，你看别人是什么，就表示你看自己是什么。"

人与人之间，总有一定的共通性，都有一些共通的欲望和要求。因此，在很多情况下，我们对别人做出的推测都是正确的，但是，人与人之间的共通性毕竟有一定的局限性，因此推测的过程中，总会有错误出现。

比如人性本善，心地善良的人会认为人性本善，别人不会加害于他。但信奉人性本恶的人，则会敏感多疑，往往会认为别人不怀好意。

投射效应的形式主要有两种：

一是感情投射，即认为别人的善恶标准与自己相同，把他人的行为方式定格在自己既定的框架中，按照自己的思维方式加以定性，这种定性多半是根据自己的特点作为标准；

二是认知上缺乏客观性，人的潜意识中总是容易接受与自己特点相同的人，"物以类聚，人以群分"，人容易接受自己的"复制品"，对自己喜欢的人或事越来越喜欢，反之则会很讨厌。

这两种投射效应，是在潜意识中把自己的感情投射到这些人或事上，进行不客观的丑化或美化，导致主观判断出现较大的差错。

与人沟通的过程中，投射效应的存在，使我们可以根据自身的行为方式和心理，推测对方的真正意图或心理特征。这是由于人具有一定的共性，有相同的欲望和要求。因此，在很多情况下，我们对别人做出的推测都是比较正确的。

然而，人心的不理智，容易根据主观感情做出判断。同时由于人与人之间毕竟有差异，不考虑个体差异，胡乱地投射一番，就会出现错误。

比如，在生活中，很多人对自己的父母不满意自己的另一半感到不可理解，他们总以为自己喜欢的，自己的父母肯定也会喜欢，但事实则并非如此。

因此，在与人沟通的过程中，需要记住，**人与人之间既有共性，又有个性，如果投射效应过于主观，总是以己识人，那么我们将无法真正了解别人，也无法真正了解自己**。特别是本身有缺点的人，更容易做出错误的判断和认知。

多点建议，少点命令

命令具有刚猛的力量，但容易折断；建议具有强大的软实力，更有助于解决问题。

去年，我请了一个装修公司修整厨房，公司派出五个装修工到我的家里。

开始修整的第一天，他们把院子里弄得乱七八糟，到处是涂料和木头屑。下班的时候，他们没有清理就急匆匆地离开了，这让我妻子很不满意。

妻子让我明天告诉这些装修工一定要把院子清理干净之后再离开，否则就扣发他们的工资。

我知道，这根本行不通，我们的合同中可没有说明这一条。另外，他们的装修技术都很不错，修整的部分让我也比较满意。

后来，我使用了这个办法。我找来笤帚和拖把，把木屑清理干净，堆到院子的角落里。

第二天早上，他们几个人赶到后，我把领工叫到一旁，对他说："昨天你们把前院清理得那么干净，让我很高兴。你们以后在收工的时候，都能这样做就太好了。可以吗？"

领工的点点头，说："没有问题，我们肯定帮你清理得干干净净。"

接下来的四天时间，工人们每天收工之后，都把木屑堆到园子角落。我的妻子再也没有因为这个发过火。

我只是稍微地给他们提了一下建议，并做了一个榜样而已，问题便迎刃而解。

有一段时间，公司的业务非常繁忙，包括经理在内的所有员工集体加班。

经理将一叠厚厚的资料交到我一个同事的手中，说："明天上班之前，把这里面的数据做成电子文档交给我。"

连日来加班导致心情烦躁，同事很不高兴地发了一句牢骚："我桌上的资料已经快把我埋起来了，你现在又交给我一项任务，我根本完成不了。"

职场上严明的上下级关系，不允许下属冒犯上司。

出现这种情况，一般的上司肯定会觉得丢了面子，尊严受到挑战，然后拿出上司的威严："你必须完成，这是命令。我不管你手头有多少活儿，但这一件你必须给我完成。"

命令就好比是法律一样，有着强大的强迫性。"必须做"或者"一定不能做"等带有强制性的性质。

相信在强大的如法律一样的规定面前，下属一定不敢拒绝这样的话，但可以肯定的是，他一定不会痛快地把它做好。

然而，我的那位上司却没有那么做，而是采取了另外一种方式。

当同事说完这句话后，身边的几个同事不约而同地扭过脸，等待着上司的反应。

经理顿了顿，说："这样的事情我也不愿意做，连日来的加班的确很辛苦。我十分理解你的工作负担，也知道每个人都不轻松，尤其是你，数据方面的工作烦琐且量大。但问题是，现在这一份关于录入数据的差事似乎只有你最胜任，不然能怎么样呢？"

上司的一句话让我们几个人顿时舒了一口气。

"看来我又要面临新的压力了……"同事微笑着说道。

建议的方法，具备一种让人无法拒绝的软力量。人性尊崇一种平等，平等交流、平等沟通。如果受到外来的一种强大的压力，会本能地产生排斥。强大的压力是一种对自尊的挑战，会激起强烈的反抗意识。

建议能够缓解人性的反抗意识，让人感觉到一种自重感，促使人放弃反抗，选择接受。

建议是一种强大的软实力，在建议的作用下，能够激发人强大的潜力。

使用建议的方法，温州一家生产灶具的老板接下了美国的一份大订单，他是如何做到的呢？

全球性的经济危机，让美国遭受前所未有的重创。以往美国街头林立的饭店，变得非常清冷。很多上班族不再像以往那样在饭店里面消费，转而依靠自己做饭来缓解经济压力。

在这种大背景下，温州的一家生产灶具的工厂收到一份从来没有过的大订单，订单不仅有技术上的要求，还有时间上的要求。按照工厂的实力和能力，根本无法按期完成。

灶具厂的老板没有立刻发布招聘消息招聘技术人员和生产人员，而是召集所有的工人开会，向他们介绍情况，并解释这份订单对他们和公司的重大意义。

"我们有没有办法去解决技术上的难题？因为我们技术研发人员有限，

我也不想让大家太辛苦。"

"有没有办法解决订单时间的问题？因为生产人员都很辛苦，能不能调整我们的工作安排，克服时间上的困难？"

"有没有其他的办法，来接下这个订单？"

工人们给出很多建议，技术部提出高薪招聘短期研发工程师，只需要解决研发问题即可，生产员工愿意昼夜加班，直到订单完成。

后来，如他们所愿，公司聘用了一位研发工程师，三天内解决了技术问题。然后支付了一笔佣金，解雇了他，余下的技术问题由技术部有限的几个员工日夜钻研得以完成。订单顺利地完成。这家工厂成为温州数一数二的灶具生产商。

这次能够顺利完成订单，是因为老板使用了"建议"的方法，使员工们感觉自己"重要"，激发了他们的潜力。

人际交往中，"建议"是一种强大的软实力，能够改变他人，而不会激起他人的反抗。

如果你要实现有效地与对方沟通，你需要收起锐气，放下你的食指，不要对别人下命令，而要使用建议的方法。

没有人喜欢"被应该"

少说"应该",这是对别人的一种束缚和控制。

GM(通用汽车集团)副总裁布朗发现他的一些下属缺乏工作激情,他们对正在从事或者即将从事的工作缺少兴趣,表现得很自由、散漫。

为此,他召开了一次针对全体员工的工作会议。

"公司为你们提供丰厚的薪金,你们应该为公司竭尽全力去工作,这是职责!上帝的子民都应该竭尽全力地为上帝祈祷……"

二十分钟的演讲里,每一分钟都会出现一次"应该",会议结束后,德鲁克走进了布朗的办公室。

他对布朗说:

"布朗先生,如果你能够在演讲的时候,将'应该'摒弃,应该会有更好的效果。没有人喜欢'被应该',这就好比是在强迫别人。我们宁愿主动去沟通,而拒绝'被应该沟通',这无异于在背后拿着枪,没有人喜欢这种感觉。"

布朗亲自写了一封电子邮件,发到了每个人的邮箱中:

我希望你们可以告诉我,你们希望从我这里得到什么?

一天后,陆续收到了这些员工的答复。于是,他又发出一封电子邮件:

我可以满足你们的所有要求,现在我要你们告诉我,我可以从你们那里得到什么。"

一天后,他收到了所有的回复。根据自己的承诺,一一满足他们的要求。

两封电子邮件使公司得到新的激励。

布朗说:"公司的业绩显著提高,非常惊人。德鲁克告诉我,当我摒弃'应该'时,他们也决心尽他们的最大能量了。与他们商量他们的要求,正是他们需要的激情。"

没有人喜欢"被应该",即便从道德上、法律上来说必须要做的事情,同样没有人喜欢"被应该"。

再拿设计师威尔金的事情来说,在他明白这个道理之前,他差点丢失了一次足以改变自己命运的机会。

设计师威尔金接到了一单前所未有的大业务——为著名的豪斯集团设计产品外包装。为了表达自己的诚意,在签订合同时,他将违约金降低到20%。也就是说,如果对方违约,他只能拿到全款的20%。他开始努力地设计,希望设计出能够让消费者看一眼就难忘的图样。

很不幸,在他正在努力完成这单业务时,收到了豪斯集团的来函:

尊敬的威尔金先生:

企业业务有变,合同终止,违约金已经支付,敬请谅解。

威尔金非常愤怒,他立刻赶到豪斯集团,商量未果,同时得知,业务已经交给另一家设计公司。

威尔金当场对副总裁杰斯特说:"我们有约在先,你们就应该遵守合约,应该使用我的设计,应该继续与我合作……"

效果可想而知。

威尔金愤愤地离开了。

一天后，威尔金再次到了豪斯集团，对副总裁杰斯特说："这是20%的违约金，我悉数归还，既然是我的设计无法让你们满意，责任应该由我承担。这次的合作失败，我希望我们还是朋友。这里有些我尚未设计完的图纸，如果你有办法能够将它们设计得更完美，以适合你用，请告诉我！"

然后他离开了。

他还没有回到公司，就接到了杰斯特的电话：

你继续你的设计，我想我们的合作一定会非常顺利——交易立刻成功了。

威尔金是幸运的，他处理的方式让对方觉得舒服。他没有告诉对方"你应该如何做"，而是反过来让对方告诉他：你的方式让我很舒服。

人的情绪容易被"应该"所操纵。人性的强势，使人做事情会遵循一定的方式和规则，这种方式和规则多半带有一种强烈的控制力。

人是独立的个体，没有人喜欢被约束、被控制，当你被别人控制和约束时，会激起强烈的情绪反抗，这是人性的本能反应。例如，你被别人强制着去做某件事，心中会产生强烈的反感情绪，即便你想去做某件事，但主动与被动是两种完全不同的感情效应。

你不愿意被别人控制、约束，相反，别人也不情愿被你控制和约束。

与别人沟通的过程中，你需要摈弃"你应该"。即便从道德上、法律上来说，应该如何做，但依旧带有感情方面强烈的反感。

中国的管理者总是有一种强烈的控制欲，比如"你务必把这单业务拿下来，这是命令""你应该做好这件事，这是义务"。

情感上一旦被打上"应该""务必"的成分时，无异于戴上沉重的枷锁。戴着枷锁行走，肯定会不利索。

在非洲南部的大陆上居住着一个古老的民族——约纳氏克族。他们依靠栽种一种名为摩斯那笛的植物为生，已经延续了几千年的历史。简单的劳动使得他们喜欢和平安宁的生活，与赖以生存的环境和谐地相处，常年游荡在沙漠、草地和海边。

简单的劳动使得他们的语言过于简单，因此，约纳氏克族人只有简单的文字，没有文学。

尽管现代文明高度发达，使他们的生活发生了巨大的变化，但他们依然努力延续自己古老的生活习俗，人与人之间和谐相处，宛如世外桃源。

约纳氏克族人中，流传着一句简单的诗，这首诗是他们唯一的文学，全部的信仰，写着他们生活的全部写照，是一种神秘的咒语。如果将这句咒语翻译成中文，应该是这样一句话：

可是，我们之间是多么不应该啊！

这句咒语是约纳氏克族人之间和睦相处的秘密所在。

然而，现实生活中，很多人的情绪被"应该"所操纵。例如如果我对你付诸感情，你就应该对我付出相同的情感。否则，我就会郁郁寡欢。

然而，我们希望别人尊重我们的意见，却不允许别人强迫我们的意志。

人与人之间的沟通同样如此，不管是身处要职，还是籍籍无名，我们都是独立的个体，都希望得到尊重，而不喜欢被控制。

妙用"黑暗效应"

与别人交际的过程中，善于利用黑暗效应常常可以起到事半功倍的效果。

一日，我突然接到朋友发来的请帖：我要结婚了。

很诧异，一个半月之前刚刚见过他，还没有听说他有女朋友的事情，突然就说要结婚了。我想，朋友作为文艺青年，可能比较青睐闪婚。

在婚宴上，我注意到新娘身材高挑、容貌漂亮，单单在形象上，朋友就输了很多分。他们两个人的结合，真可谓郎才女貌。

后来，我听说朋友和她约会时全部安排在晚上，因为白天两个人都在忙工作。两个年轻人，两次约会之后就已经如胶似漆了。

朋友妻子不止一次开玩笑地对我们说：如果在白天，能看清他的外貌，绝不会同意。

男女恋人之间的约会，时间定在晚上，地点定在黑暗的环境中，成功率最高。

一年之后，我再次收到一张朋友的请帖：兹为我儿拂晓举办满月宴，敬请光临为盼。

我想他给孩子取名为拂晓，正是幸福的写照。

生活中，年轻人初次约会，最好安排在晚上，到那种只点了蜡烛的餐厅饭馆，这不仅仅是需要浪漫的氛围。

英国心理学家罗伯特经过研究发现，在正常情况下，两个陌生人之间会彼此根据对方的反应和外界条件来决定自己的言语和行为，特别是对不了解但却迫切需要了解的人。这时，人的内心是矛盾的，存在着一种戒备感的同时，又想尽量把自己好的方面展示出来，把弱点和缺点隐藏。

在光线比较暗的场所，完全满足了内心的需要。黑暗的环境中，双方彼此看不太清对方的表情，戒备感会很容易消失，光线比较暗的环境，戒备感是最低的。黑暗的环境，也能够帮助自己把弱点和缺点隐藏，更好地展现自己。这种环境下，彼此产生亲近的可能性会远远高于光线比较亮的场所。

这就是心理学中的"黑暗效应"。

这种心理解释了为什么在灯光昏暗的酒吧、舞厅，陌生人之间比在普通场合更容易相互认识，甚至更容易产生恋情，因为太明亮的光线会令人不放松，从而提高警惕性和戒备心。

人在黑暗的环境下，容易放松警惕，更好地表现自己的优点，从而掩饰自己的缺点。

沟通的场合中，想要更多地了解一个人，希望和对方交心，不妨试着利用一下"黑暗效应"，这样对方向你推心置腹的可能性就会大很多。可以根据判断，就此对症下药，选择对方喜欢的话题，从而提高沟通的有效性。

学会利用"黑暗效应"，但同时也应该避免黑暗效应带来的负面影响。人在黑暗的环境中，容易放松戒备，很容易将一些平时守口如瓶的秘密泄露出去。这样，对自身而言是非常不利的。

人际关系中，根据"黑暗效应"，要学会展现自己优点的同时，掩饰自己的缺点。很多场合中，恰到好处地掩饰缺点，远远胜过表现自己的优点。

比如，和别人进行商业上的交谈，你的产品质量好是优点，但一分钱一分货，价格高则成了缺点。如果一下子将自己最贵的产品拿出来，价格非常高，别人可能会吓一跳，在心理上对产品的高价格耿耿于怀，存在一种排斥心理。因此，你要先给他看普通的，等你跟他聊开了，对产品的质量比较了解了，再给他看更好、更贵的，他内心就会非常容易接受。

所以在人际交往中，适当利用"黑暗效应"可以带来有效的沟通。

示弱的孩子有糖吃

不管是在职场还是在社会中,示弱都是一种有效的人际交往方法。示弱不是虚伪,只是在一些需要心理满足的场合中,给对方一个空间、一个余地,这种空间的存在就像是润滑剂一样,使得人际关系更有效地运转,充分发挥各人的潜能。

生活中,很多人都在追求成为一个生活的强者,成为人上人,却忘记了示弱。

说一个事例:

前面讲到的自称文艺青年的朋友,是一家出版社的策划,能力超群,为社里创造了很多的利润。令人匪夷所思的是,他在同事中并不受欢迎,很多人都有意无意地躲避他,甚至还有人私底下挖苦他。偌大的一个出版社,他甚至找不到一个可以交谈的朋友,经常独来独往,很是寂寞,不明白别人为什么要这样对待他。

一次,他策划的选题全部被社长否定,并且他被狠狠地批评了一顿。当晚,他心情郁闷,独自到酒吧喝得大醉。第二天睡过了头,他急匆匆赶到社里时已经迟到了一个多小时。他以为主任会因此责怪他,同事们会瞧不起他。然而,令他惊奇的是,主任不但没有责备他,反而极力地开导他,同事们也对他表示关心。他不知道,工作上的失败帮助了他,使他在同事心目中的形象丰满起来，变成了一个会犯错的人，而不再是那个高高在上的强者。

是不是觉得这两个事例不可思议？

职场中，常常有很多这样的例子：一些近似于完美无缺的人，往往在人际交往中不太讨人喜欢；相反那些虽然优秀，却总是犯小错误的人深受人们的青睐。

这种现象在心理学上被称为"白璧微瑕效应"，即小小的错误反而会使有才能者的人际吸引力提高，白璧微瑕比洁白无瑕更令人喜爱。

人的普遍心理，崇拜强者，但却不愿意看到强者太强。这是人心的缺陷，能够容忍强者，却无法容忍强大到完美的人。

从心理学的角度来说，人都喜欢结交一些能力强、地位高的人。但是，这种强如果表现得过于完美，又会给人一种不真实的感觉。人心的缺陷让人对于这种近似完美的现象，不是真正地接纳和喜欢，而是敬而远之。

另外，从自我价值保护的角度来说，人都喜欢有才能、地位高的人。但是，焦点效应让大多数人都不喜欢充当"绿叶"的角色，如果对方能力超群，所有的鲜花与掌声都是给他的，自己跟他站在一起，只能是衬托他的"绿叶"，显示自己的卑微。时间久了，换作谁都不会喜欢绿叶的角色。

这种心理缺陷，需要通过强者的不完美来填补，一个犯小错误的能力出众者则降低了这种压力，缩小了双方的心理距离，保护了他人的自尊，因而也赢得了更多人的喜爱。

因此，在适当的时候，示弱更能收到更好的效果。

小草懂得在暴风来临时"低头"，狂风过后才可以挺胸昂首。

为人处世的过程中，完美的人并不招人喜欢，"断臂的维纳斯"因为残缺的手臂更富有魅力。强者就需要适当地示弱，不要事事都追求更上一层楼，适当地退后一步，适度地暴露些"瑕疵"，反而会成为人际交往的润滑剂。

人不应该示强，而应该示弱，这才是最高的做人境界。

当然，并不是说一个人犯的错误越多，越有助于人际交往，凡事有度，过犹不及。"犯错误效应"的产生是有条件的。犯错误的人需要具备过人的能力，而且犯的错误属于一些无关紧要的小错误。如果你只是茫茫人海中平凡的一员，改正错误还来不及，怎么可能允许你犯错误呢？

在人际沟通的过程中，我们如果想让别人喜欢自己，就不要苛求完美无缺。我们在提高自身能力，努力成为一个强者的同时，要懂得偶尔犯下一些无关紧要的小错误。这样更容易弥补别人心中的缺陷，给人际交往注入一些润滑剂，为你赢来好人缘。

借他人之势，长自己威风

要实现有效沟通，不妨学着使用蔓延之律，在别人的思维中，具备成功者的"本质"。学会适时地借助他人的力量与资源。

不久前，公司参加了"防范艾滋病意识，普及预防艾滋病知识"的活动，我成为入选者，深入到河南一些艾滋病严重地区去宣传防艾滋病知识。

一周的活动结束后，我从河南赶回来，购买了河南的一些特产作为礼物，送给家人和身边的朋友。然而，事情完全不像我想的那样美好。

回家的时候，妻子正在上班，给我的手机发短信：彻底地把自己洗一下。

说明一下，我的妻子并不歧视艾滋病人，她还曾经积极地为艾滋病人捐钱捐物。

我将从河南购买的一条漂亮的裙子送给妻子，妻子很高兴，但却从未见她穿过。

我将从河南购买的礼物分发给周围的朋友，他们都很高兴。

我以为事情到此为止，没有想到，几天后，一个朋友给我打电话：

听说你前不久出差去河南参加一个宣传预防艾滋病知识的活动了，是吗？

听到这里，我有点心虚，心里盘算着他会不会因为礼物迁怒于我。

他确定了消息之后，没有说什么，挂断了电话。

两个月之后，在一次闲谈中得知，他将我从河南购买的礼物扔掉了。

在心理学中有一种叫蔓延之律的现象，属于一种心理连接、扩展现象。简单来说，一旦某个物件、人与在内心已经定性的一个物、人接触后，就会获得那个物或者人的某些"本质"，这就属于心理的连接、扩散现象。

简单来说，一旦某个物件、人与某个人接触后，就会获得那个人的某些"本质"，而这些特质仅仅是心理的定位，事实上并不能确定。

比如，在中国的一些巫术中，如果想要诅咒某个人，就需要获得这个人的生辰八字或者这个人穿过的鞋、衣服之类的，由此对他们施加某种类型的影响。

上述事例中，我从河南宣传艾滋病知识归来，在他们的潜意识中，我就获得艾滋病的某些"本质"，尽管我本身没有，但在他们的心理定位中，我已经具备艾滋病的某些本质。

再比如，如果你身上穿着一件非常漂亮的衣服，全新的，从来都没有人拥有过或者穿过，你的心里对这件衣服不会有任何芥蒂。

然而，如果这件衣服曾被艾滋病患者穿过，不管如何新，质量如何好，可能在潜意识里都会产生排斥的情绪，不想穿这件衣服了。尽管已经完全确定这件衣服并不存在健康隐患，也没有卫生问题，但潜意识里，排斥情绪依旧在人的思维中占据主动，同样会扔掉。

生活中，要尽量避免这种心理的副作用。

然而，有弊就有利，人际沟通中，可以利用这种心理实现有效沟通。

清朝时，新疆叶城县有个叫王利源的人，在一次举人考试中榜上有名，但是却因为在朝廷里没有背景，最后被分配到新疆一个偏远的地方做知县，更为不幸的是，还是个候补知县。整天无所事事，虚度岁月，拿着微薄的俸禄勉强维持生计。

有一次，他受命前去朝廷办事，归来的途中经过了左宗棠的府邸，他想到了去拜访当朝权贵左宗棠，并利用此人的权力来帮助自己摆脱面临的困境。

于是王利源便备了很多的礼物，拜访左宗棠，由于他人微言轻，左宗棠只是象征性地接待了一下，态度表现得十分傲慢，这让王利源非常失望。此时，王利源心生一计，便请左宗棠在自己的扇子上写上一句话，作为日后对自己的教诲。左宗棠随便在扇子上题了几个字，王利源小心翼翼地收起来，并拜别了左宗棠。

回到新疆之后，王利源就吹嘘自己在朝廷里有人，并时不时地将那把扇子拿出来显摆。这传到了知府的耳朵里，知府经过打探，得知扇子上的字的确为左宗棠的亲笔题字，这才相信了王利源并非是信口开河，很快提拔了王利源。

这就是蔓延之律的运用，利用左宗棠的权力效应，为自己所用。

同样，如果你在职场中籍籍无名，不妨学着使用蔓延之律，在关键的时候，获得名人或者大人物的某些"本质"，在别人的头脑中形成定势，进而实现有效沟通。

我的一个在美国做经贸的朋友，几年前由于美国经济次贷危机的影响，他回到了国内发展。在国内，我的朋友没有任何的背景，而且国内的经济贸易竞争一直比较激烈，让他一时陷入僵局。

这天，朋友接待了一位大客户，他非常想得到这笔业务。为此，他想到了一条妙计，在会客厅的背景台，他将自己与美国总统奥巴马的合照放在了上面。

与客户的谈判从一开始就比较被动。朋友猜测客户是进行了摸底调查，知道朋友是刚刚到内地发展，急切地想要拿下这笔合同，并且朋友本人在商界似乎也没有什么名气。对方抓住了这一条，要价很高，让朋友非常焦急。

在与客户交谈陷入僵局的时候，他慢慢地将话题引导到这张照片中来。

朋友很有底气地说：

这张照片是我与美国总统的合照，在奥巴马选举之前，我就相信我的眼光不会错，我相信他一定能够当选，所以我选择支持他。事实证明，我的眼光是正确的，后来我从中得到了很多的利益。我相信我眼光的同时，也相信你的眼光，我相信我们的合作一定能够让我们得到双赢。

这一席话似乎让谈判变得非常顺利，朋友也很快拿下了这笔单子，得到非常丰厚的利润，为未来的道路开了一个好头。

而事实上，那张照片是朋友在美国期间，应邀参加奥巴马举办的慈善晚宴，只要捐慈善款，就有机会与奥巴马合影，由此出现了朋友的这张照片。

对方并不知道这张照片的真实来历，只看到了与美国总统的合影，认为他具有奥巴马的某些本质，比如权力、金钱等。既然能受到美国总统的接见，料定他必定不是一个简单的人物。

有一句话，"借他人之势，长自己威风"，这并非是小人的所为，而是活用了蔓延之律，达到某些比较难以实现的目的。

凡事不能只靠自己的力量，学会适时地借助他人的力量和资源，这不是要诈，而是一种智慧，更是一种能量。

很多成功者，在遇到困难的时候，都会考虑有没有可以借助的力量，由此让他们的道路走得更顺畅一些。

路留一步，味让三分

做事情留有余地，给自己一个台阶。

通过观察人们内心世界和社会现实的脱离现象，我们知道有很多可怜的人，因为自己的嘴巴引起良心上的不安，时时苦恼着。然而，他们徒有伤感却无法采取行动，在心中承受自己的错，但却无法采取弥补损失的行动。

同样有一些人，轻信了别人的嘴巴，迁怒于嘴巴的主人。眼前的海市蜃楼无法压制住内心的仇恨，其实，他们的内心曾经对别人充满着幻想，幻想的破灭让他们激发起最原始的愤怒。

从人心的角度观察、讨论和研究这些问题。以做梦为例，梦绝对不是偶然的事情，而是生活中无意识的行为的一部分，因此，只有在之前的生活中采取的无意识或者有意识的行动，才能在潜意识里留下痕迹，由此产生了梦。

前面有过类似的行动，才在潜意识里留下了痕迹。

心理学中，人的定性心理影响着很多事情的发展。一旦对某件事情确定了性质，内心就会产生强大的精神动力，想方设法地将未知的事情向已经确定了性质的事情周围靠拢。

人的这种不自觉的心理活动，称为定性心理。

我有个在银行工作的朋友，告诉我这件事：

"进入银行工作，我成为周围人羡慕的对象。一次，我的导师找我帮忙，他想开一家超市，却缺少资金，便去问我能不能帮忙贷款。导师对我的帮助很大，我也一直想找个机会证明自己的实力。而且导师是第一次找自己帮忙，怎么能拒绝呢？当即一口答应。

"可是，你知道的，我毕竟只是银行里的一个柜台员，尽管每天从我手上过的钱比你一辈子用的厕纸都多，但在我看来这些钱还没有厕纸用处大，因为它从不属于我。银行里，我根本没有说话的资历，老师的贷款请求又不合乎规章。我一再努力，可事情却无法按照我努力的方向发展。导师一遍遍给我打电话，我一遍遍地承诺：很快就办下来了。

"其实，说这些话的时候，我很心虚，我的内心在忍受着折磨。更为要命的是，当导师后续工作全部做完，等着资金开业时，我这里却拿不出钱来。导师大怒，大声地斥责我。他白白投资了一部分钱。"

听完朋友的讲述，我想告诉他，你的承诺已经在对方的心中定性了。他的潜意识里，缺少资金的问题已经解决了，尽管资金的事情还没有落实。但在他的心中，却将这些成功或者失败的可能性完全忽略。他只关心在约定的时间内拿到钱，仅此而已。

当已经定性的东西发生了变化，这是一件非常危险的事情。当一个人的价值观被否定后，心理会产生强大的排斥力，这种排斥力产生的力量是无比强大的。

关于定性心理，中国古代伟大的母亲孟母已经给世人做了最好的榜样：

孟母在院里陪孟子嬉戏玩耍，突然传来了猪叫声，是邻居在杀猪。孟子问：

他们家杀猪做什么？

孟母随口就说:"给你吃。"

孟子听完之后,高兴地拍着手:"太好了,今天可以吃到猪肉了。"

此话刚出,孟母就后悔了,心想:我怀这个孩子的时候,座席不放正不往下坐,肉切得不正不吃,为的就是良好的"胎教",如果今天逞一时口舌之欢却欺骗了孩子,这等于教孩子不讲信用,但是话已经出口不能收回。为了不欺骗孩子,孟母硬是出钱把邻家的猪肉买了来给孟子吃。孟母不愧是一位伟大的母亲。

然而,这件事放在今天,当妈妈告诉孩子"给你吃",孩子往往会吐吐舌头,一副不相信的表情——这是做妈妈的失败。

人际交往中,当你有求于别人的时候,前一分钟,对方信誓旦旦,说:"这件事交给了我,就等于已经成功了。"当然,定性心理会觉得事情已经成功了,会佩服对方的能力与实力。

然而,后一分钟,对方却对你说:"这件事遇到了一点困难,我可能帮不了你。"

他的话等于让你原来定性的世界观完全推翻了,你的第一反应是谴责他:你这个骗子。

然而,如果事情是另外一种情形:

你有求于别人,前一分钟,对方说:"这件事结果不管能不能让你满意,但我一定尽力而为。"

后一分钟,对方对你说:"这件事遇到了一点困难,我尽力了。"

你可能会略微失望,但心里却会感激对方,因为对方已经尽力了。

同样的结果,却有截然不同的心理效果。

一个人对别人开始的承诺已经在对方心中形成了一种定势,如果你说能完成，对方在心底就已经固定了这种定势：能够完成。然而，你没有完成，在定性心理的影响下，肯定产生负面情绪。即便完成了，这也是理所当然，只是履行承诺罢了。

如果你开始给对方的承诺留有余地，在定性心理的影响下，尽管结果没有满足对方，但同样在心理定性的影响下，不会对你产生负面情绪。但如果你能够完成对方的请求，则会产生更强烈的正面效果。

人是群居动物，人与人之间难免会有互相求助的时候，当你承诺一件事情时，在综合考虑自身能力和其他因素后，尚需留有一定余地，使你最终达成的结果不低于你承诺的。也就是说，可以给人一个意外的惊喜，但是不要让人希望越大失望越大。

定性心理，让一个人的诚信尤其重要，讨厌有口无心直言快语，实则机关算尽言而无信的人。

因此，**做事情一定要留有余地**。否则，在定性心理的影响下，很容易出力不讨好。

第七章 给『苦口』装上『糖衣』

> 人际交往的过程中，评价别人时，一味地夸奖并不能让对方信服，难免给人套话之嫌；一味地批评对方，容易激起对方的愤怒；最好的方式是先说对方一些无伤尊严的小毛病，然后再恰如其分地给予赞扬。

不要总是活在批评里

批评只是一种工具,别被工具所左右,不要太在意批评之声。

讲个小故事:

刘备原是一个当街吆喝的收破烂的人,趁着世道混乱,开始创业。

创业之初,"公司"只有两个铁杆员工,而且是免费的——关羽跟张飞。当时,关羽是一名保安,张飞则是卖猪肉的。在三个人的创业团队中,张飞和关羽的头衔一个是马弓手一个是步弓手。

三人组团会盟十八镇诸侯。

入盟时,招致的批评、挖苦不绝于耳,连袁术都说:"如此可谓埋没英雄,十八镇诸侯难道无人可派了吗?找一个马弓手前去应战?"

面对辛辣的批评,刘备选择了沉默。

因为他明白,弱者只有蓄势,才能变成强者。如果当时据理力争,对改变自身的处境而言,能起的作用也是微弱的。因为弱者的声音越大,招致的反感就会越多。因此他选择了沉默,在沉默里,积蓄能量,在关羽的"杯酒斩华雄"一役中,威震各路诸侯。

我们知道,在人际沟通的场合中,批评之声总是多于赞赏之声。在人们的观念中,赞赏的声音多半是属于强者的,只有强者才能配得上赞赏。赞赏别人，意味着别人在某方面的能力要超过自己。人性的弱点就是：能够容得下不如自己的人，却容不下强于自己的人。

在人性的驱使下，人们习惯用批评的声音去"招待"别人，而不愿意用赞赏的声音，甚至是平等交流的声音。

很多人为达到抬高自己的目的，在批评别人时，乐此不疲，颇有绝招。但偏偏有很多人，就是容易中他人的伎俩，和他们较真，与他们争吵，甚至使这种批评的声音成为自己的一大精神负担与压力。

批评最初只不过是人们用来抬高自己的一种工具而已，后来人们却本末倒置，批评者还在原地，被批评者却自降了高度。

这样一来，批评者没有抬高自己的地位，却因为被批评者自降了高度，相应地提高了批评者的高度。

就好比两个人在比较身高，两个人还没有站到一起，其中的一个人就已经先低下了头，弯下了腰。这样，怎么可能知道正确的结果？

《中庸》中说："喜怒哀乐之未发谓之中，发而皆中节谓之和。"

意思是人在没有产生喜、怒、哀、乐这些情感的时候，心中没有受到其他的侵扰，是坦然的，这样的状态就是所谓的"中"。"和"的境界是指在处理各类事务的时候，不可避免地在心理上产生反应，发生各种各样的情绪变化，并且在表情、行动、语言等方面表现出来。所表现出来的情绪恰到好处，既不过分也无不足，而且还符合当事人的身份、不违背情理、适时适度。

然而，当遭遇别人的批评时，受到无理的责备时，甚至是受到莫名的谩骂时，会影响情绪的变化。遇到这些事情的时候，是对我们的一大考验。

如果在被人批评的过程中乱了方寸，则切切实实是个失败者。

常言道："为将之道，当先治心。泰山崩于前而色不变，麋鹿兴于左而目不瞬,然后可以制利害,可以待敌。"

就是说作为一名将领,首先要控制好自己的"心",即使泰山在面前轰然崩塌,或者麋鹿突然从旁边跃出,依然要保持从容镇定,这样才能控制战场局面,取得最后的胜利。

被视为美国历史上最伟大的总统之一的罗斯福,是美国历史上唯一连任4届总统的人,任职长达12年。他与当时的另一位竞争者胡佛之间的竞争故事广为流传。

从竞选一开始,两个人就击出重拳,妄图将对方一下子打垮。

罗斯福在大街上游行演说的时候,胡佛气势汹汹,说罗斯福是一个骗子,是一个影帝,擅长利用表演的手段迷惑全体公民,又爆出猛料,说罗斯福家族的资产都是通过诈骗、洗黑钱的违法手段得来的,同时对罗斯福进行了人身攻击。

面对扑面而来的批评、谩骂,罗斯福表现得相当镇定,在麦克风面前,他微微一笑,说:"赫伯特(指当时的竞争者胡佛),你又来这一招了。"

简单的一句话,让胡佛立刻哑口无言。

不被批评之声左右,胡佛一段恶毒的批评,罗斯福只一句话就简单地化解了。

在人际沟通中,随便一点赞扬之声都可以让我们高兴,随便一点批评之声就可以让我们反感,随便刮来一片树叶就让我们看不到光明……这样的人能够有机会成功吗?能够经得起大风大浪吗?

人性的虚荣心,让我们渴求被赞美,这是人的一种共性。但现实生活中,我们经常听到的却是批评的声音,是来自别人无情的批评,甚至是恶意的攻击。

这时，你需要记住古人的一句哲理之言：走自己的路，让他人去说吧。

想做一个快乐的人，需要记住：嘴巴是别人的，快乐是自己的，即使人家批评你、否定你、攻击你，也不代表你的自我受到否定，唯一能否定你的人，只有你自己。

生活中，决定人是否满足的关键点就是不要太在乎别人的批评，换句话说，脸皮要厚一点。不要因批评而失去方寸，不要因为别人的冷言冷语就情绪失控，以为自己受了莫大的伤害。

面对批评之声，要冷静地想一想，如果批评是正确的，等于给你指明了正确的方向；如果批评是不公正的，何不一笑置之呢？何况很多时候，批评的话大多数都是在不经意的情况下脱口而出的。

总而言之，嘴巴是别人的，如何把握是自己的，容易被别人的批评所左右的人，要冷静地想一想：

为什么要成为别人批评声之下的奴隶？为什么要如此在意别人的批评之声呢？

直接批评最愚蠢

现实中,当你准备批评别人时,要记住这句话:给狗一个恶名,不如把它吊死。

很多时候,在批评别人时,大多数话都是在不经意的情况下脱口而出的。

举个例子:

几天前,助手将我非常在意的一单业务弄砸了。我非常生气,愤怒之下,立刻射出批评之箭:你怎么总是这样,说过你多少回了?

我将他狠狠地批评了一顿,然而,直接批评换来的往往是极力地辩护。他极力为自己辩解。

他的行为燃起我更大的怒火,又给他一顿严厉的批评。

发火之后,看他委屈的神情,我知道自己的批评太过了。

为了弥补,我为自己辩解:我这是对事不对人,也是为了你好。

但是,这并不能减轻批评对他的伤害,也不能减少批评所带来的副作用。当天晚上,他给我发了一条信息:我朋友开了一家公司,让我过去帮忙。

我知道,我犯了错。他是一个非常优秀的助手,却在我的直接批评之下离开了。他丢失了一份工作,我也损失了一位助手。

直接批评的结果要么伤害他人，要么自己反被人伤害，弄得头破血流。

批评是一种危险的导火线，一种能使人性的缺陷彻底爆发的导火线，这种爆炸的杀伤力有时候会置人于死地。

我在想，如果我能够避免这种直接批评，会不会就不会出现这种结局？我的直接批评换来的不是他对自己错误的认识，而是他的极力辩解，他的极力辩解没有让我认识到自己的批评是不对的，反而激起更大的怒火。

人性的弱点使然。

你可能已经明白了，人性的缺陷——做错事的人只会批评他人，而不会批评自己。

这句话适合任何一个人。

说一个朋友的事例：

朋友是做工程设计的，由于人事变动，部门已经三个月没有接到一单业务，公司迫切需要一个业务。

恰好，赶上一次招标，朋友摩拳擦掌，要求公司必须拿下这个订单。

很不幸，尽管已经做足了努力，订单还是被别人抢走了。

朋友气愤难平，从部门主管到每一个参与竞标的员工，全部被他批评一番，一再强调自己多么辛苦、多么努力，似乎失败与自己没有任何关系，这搞得公司上下是一团怨气。

其间，他的助理抗议性地说了一句：这次的投标你自始至终都在参与，大家都有责任。

这句话惹怒了朋友，当天就和助理结清了工资。

很多时候，我们看到别人做得不对，就喜欢去批评；而当自己做错了事情，别人来批评自己，又觉得心里憋屈。这就是人性，强烈的虚荣心和可怕的逆反心理。

我想对这位朋友说：蛇的爬行方向，由蛇头决定；蛇的爬行路线，同样由蛇头决定。

直接的批评是没有任何用处的，因为它会使人采取防守的态势，并常常使他们竭力为自己辩护。

美国著名总统林肯是一位了不起的人物。他死去的时候，陆军部长说："躺在这里的是世界历史上最完美的统治者。"

林肯人际沟通的成功秘诀是什么呢？

年轻的时候，林肯喜欢到处批评别人、讥笑别人，而且还经常发表文章讽刺别人，尤其是社会上的一些名流。

这一次，他在当地的时事报上发表了一篇文章，讽刺一位自视甚高的政客希尔斯，讽刺他"嘴里的烟斗像狗拉出的干瘪的大便"，被全镇的人引为笑料。希尔斯敏感而自傲，用重金在报纸上发表声明：要求和林肯决斗，以维护自己的荣誉。

林肯反对决斗，但是碍于面子，他只好应战。全镇的人都在等着看林肯。为了活命，他跑到西点军校寻找退伍的军官，让他们教自己决斗技巧。

幸好在决斗之前的最后一刻，政府阻止了他们，才避免了一场决斗。

直接批评是危险的，它完全践踏了一个人的面子，结果只会激起对方的坚决反抗。

这是林肯一生中最为惊心动魄的事情，徘徊在生死边缘的林肯懂得了如何与人相处的艺术。从此以后，他几乎从未因为一件事而直接批评过任何人，即便有人羞辱他"脸的长度可以玩过山车"，他依然微笑应对。

罗斯福总统说："当我遇到难以决断的问题时，常常会静静地仰望挂在白宫的林肯画像，问自己：'如果林肯处在我的境况时，会怎么样处理呢？'"

人性的缺陷会让人做出改变吗？

"非常简单，从衣袋里掏出一张5元钱的钞票，看着钞票上的林肯头像，然后问自己：'如果林肯处在我的境况时，会怎么样处理呢？'"罗斯福说。

当一个人的改变源自自身时，他已经不是一个平常人了。

西点军校特种部队有这样一项规定：

不允许特种兵在发生某一件事后立即申诉或者批评他人，必须忍受一夜，甚至更长的时间。如果立即申诉，他马上就会受到惩罚。

直接批评的心态，用一句话简单地归纳出来就是：贬低别人，抬高自己。

其实，采用贬低别人的方式来给自己增加砝码，只会适得其反，自己的砝码非但没有因为贬低别人而增加，反而会被削减。

真正的沟通高手，不是利用直接批评别人的错误来凸显自己的正确，而是通过掩饰别人的错误而被别人凸显。

当别人攻击你、无情地批评你时，原因很简单：你的存在对他形成了威胁。因为他们自以为这样可以提高他们自己的重要性，凸显他们的个人能力。

这种提起的高度是一种虚高，建立在批评别人的基础上。批评之下，是别人烧起的怒火。

另外，当你被别人直接批评时，这并不完全是件坏事，至少说明了一点：你已经获得他人的注意。有些人喜欢攻击比自己地位高、能力强的人，以满足自己那卑劣的本性。

社会上，很多人喜欢挑大人物的毛病，因为这些人可以从中获得很大的乐趣。

当有人攻击你时，请记住，没有人会踢一只死狗。

"先兵后礼"显诚心

如果一味地表扬或先表扬后批评都显得虚伪,而先批评后表扬则显得客观与有诚心。

中国人说话办事总是有一些顺序颠倒的情况,比如一种叫"肉夹馍"的小吃,简单地依靠字面意思来理解,应该是"馍夹肉"(这里,夹馍是一种饼,因为肉夹馍是后来出现的,将肉单独放在了前面)。

在办事方面,中国人同样喜欢颠倒顺序。"先小人后君子"为很多人指明了人际沟通中的法则,然而,在具体的实施过程中,中国人则颠倒了顺序,演变为"先君子后小人",顺序变了,性质变了。

"先君子"出于一种面子的心理,"后小人"多半是出于私心,无奈之下发展的状态。

我刚刚工作的时候,只能租房子住。在城市的郊区找到了一间房子,东家很大方,提供给我很多的帮助。对我提出的条件也是有求必应,偶尔还会邀请我去吃饭。这让我打心眼里高兴,因为我找到了一个好东家。

然而,短短的一个月过后,东家开始对我提出一些建议,比如垃圾要分类、及时倾倒垃圾等,这些理所当然。但后来,开始提出一些近乎苛刻的建议,比如抱怨用电太多、用水太多,言下之意,要增加房租。

唠叨一个月下来,四户租户搬走了三家,还有我一个人留在那里。对新搬进来的租户，东家同样是"先君子"。此时，看东家的嘴脸，已经是分外丑恶。

半个月之后，我也愤愤然地搬离此地。

重新找了一个租间，房东是两位退休教师，拿出十条建议，作为所谓的合同，逐一给我解释，每一条都规定得特别苛刻，让我一度怀疑他们是不是人民教师。然而，真正接触之后，才发现他们如此大方。

很多合同里规定的三五元的收费项目，都被他们免除了。

很多人都有这种心理，"先君子后小人"令人非常讨厌，"先小人后君子"则令人心中舒服很多。

一些街边的小商小贩，在称货给顾客时，非常有经验，顺序把握得非常好。他们不是在秤盘里先多放，再一点点地拿出来，而是先少放，再一点点地添入……

两种完全不同的顺序，起到的效果也大不相同。

前一种方法，会让顾客觉得很不舒服，"被拿走"对任何顾客来说，都会在心里产生一种不舍的情愫；后一种方法，"添加"对顾客来说，则会在心理上产生一丝安稳，尽管二者最后的客观结果是一样的。

人际交往的过程中，我们总会对别人进行一些客观的评价，这个时候，要注意增减效应。

人们喜欢接近那些对自己的喜欢不断增加的人，而不喜欢那些对自己的喜欢不断减少的人。

这种人际交往中的心理行为称为"增减效应"。

前面说到的"先小人后君子"以及街边的小商小贩，都是在利用这种增减效应。

　　人际交往的过程中,评价别人时,一味地夸奖并不能让对方信服,难免给人套话之嫌;一味地批评对方,容易激起对方的愤怒;最好的方式是先说对方一些无伤尊严的小毛病,然后再恰如其分地给予赞扬。

　　这就是一些管理者评价别人时,为什么让人信服的关键所在。

　　了解并不一定代表会发挥它的功效。

　　人际沟通中,增减效应要学会灵活变通,不能机械地照搬。在评价人时,所涉及的具体因素很多,仅仅依靠赞扬与批评的顺序变化不能说明一切问题。

　　具体实施的过程中,要根据具体对象、内容、时机和环境灵活应对,才不至于弄巧成拙。

责人先责己

要实现有效沟通,在批评对方,让别人改掉身上的错误之前,首先要指出自己的缺点。

美国纽约电视台曾播放过这样一段让人啼笑皆非的视频:

视频中,一个军官模样的人,在举行阅兵仪式,军官一脸威严,眼睛犹如鹰眼一般锐利,在扫视着队列。

在检阅的过程中,突然间,他好像发现了什么,就直直地走到一个士兵面前,将士兵上下打量了一番,然后严厉地命令说:"把口袋上的扣子扣好。"

这士兵非常慌张,结结巴巴地问:"是现在吗,长官?"

军官说:"是的,马上!"

这个士兵小心翼翼地伸出手,把上校衬衫口袋的扣子给扣上了。

这个时候,镜头停在了长官的衬衫口袋上,原来他身上的制服也出现了同样的问题。

让人啼笑不已。

里根上任美国总统之后,应加拿大总理特鲁多的邀请,前往加拿大进行国事访问。

在加拿大总理府演讲的过程中,里根的讲话不断被反美示威的加拿大群众所打断,看着目前的处境,特鲁多显得很不自在。

里根笑着说:这种事情在我们美国时有发生,我想这些人一定是特意从美国来到贵国的。他们想使我有一种宾至如归的感觉。

这一席自嘲的话,使特鲁多顿时眉开眼笑,同时也使里根很顺利地摆脱了尴尬的处境。

里根首先指出自己经常处于这种境地中,说明自己也不是无可指责的,然后再让特鲁多接受目前的处境,不要被环境影响情绪,两人之间的交流沟通就会顺畅多了。

美国心理学家梅奥在自己的著作中说:批评不仅仅是一种手段,更是一种智慧,没有人愿意听到批评的话,但在批评别人之前,我们能够先批评一下自己,就会完全不同了。

梅奥在到一所大学讲课时,有人给他推荐了一位助手斯坦利,梅奥高兴地答应了。

斯坦利还只是一个大三的学生,没有任何的经验,对于商业常识和生意上的事一无所知,有一段时间,她经常犯一些错误。

看到斯坦利连最简单的事情都处理不好,梅奥非常生气,很想批评她几句。但转而一想,她年纪小,阅历浅,不能太苛求,于是改用和颜悦色的口气对她说:

"现在你经常做错事,这是很难避免的,我在你这个年纪的时候,也像你一样,经常做错很多事情。但后来我注意学习,犯的错误就越来越少了。因此你也要多学习,我相信将来随着年龄的增长你一定会增长才干的,要注意学习。"

从那之后，斯坦利的错误越来越少，每次有错的时候，我都会说：斯坦利，你做错了事情，我在没有用心的时候，也会犯这些错误。因此，你要用心去改掉这些错误。

斯坦利毕业之后成为我的助手，后来成为我的得力干将，直到现在。

人际沟通中，如果能够在批评别人之前，先指出自己的错误，再让被批评者听他自己的错误，似乎就不十分困难了。

人际交往中，我们常常如故事一中的军官一样，在看待别人缺点的时候好像携带了放大镜一样，但对于自己的缺点，却好像是盲人一样看不见。批评别人容易，反省自己难。很少有人能够做到像里根总统那样，先进行自我批评，消除别人的戒备心理。

事例一中的长官，如果能够在批评士兵之前，用扫视一下自己的衬衫，随即对士兵说："你认真地检查一下我的着装，有没有问题？"

不管士兵如何回答，长官都可以说："是的。我像你一样，也存在这样的问题，但我希望你可以在以后的时间里，注意服装，让我们一起改掉这个错误。"

相信这个效果会更好一些。

卡耐基说：人与人间的关系不是批评而是欣赏。欣赏对方的长处，包容对方的短处，宣传别人的好处，担当别人的难处。

人性的劣根性，决定自己的眼中容不得半点沙子，尤其是别人的思想或者行为产生的"沙子"，即便这种"沙子"本质上只是与自己的价值观念、思想相冲突，而不是真正的"杂质"，却因为人性的排他性导致其一并被划入沙子的范畴。

当发现沙子时，人们会以最严厉的方式对待，却根本不顾自己是不是成了别人的"沙子"。

  想真正地避免"沙子"，需要认真地检索，确定这粒"沙子"是真正的沙子，而不是价值观念、思想相冲突产生的"沙子"。另外，还需要注意在帮别人清理沙子的时候，自己身上不要有沙子，否则只会适得其反。

  生活中，当人们做错了事，或者发生了被别人嘲笑的事情，当他自己主动告诉你时，或许会坦白地承认错误。然而，如果是你直接指出他的错误，那么他一定会出于自我保护的目的找出种种理由加以辩解。这是人性的一种本能反应，当受到外物侵袭时，会全力收缩保护。

  你可以通过实验，无论是小疏忽或大错误，几乎没有人能在别人指出后立刻坦率地、不为自己解释地承认错误。因此，需要批评他人、帮助别人改掉错误时，一定要讲究方法，态度要诚恳。

唯宽可以容人

宽容，是实现有效沟通的润滑剂，能够解决很多磕磕碰碰的问题。

在美国历史上，总有一些不幸的总统，亚伯拉罕·林肯就是其中的一位。

这里的不幸不是林肯一生中高达三十次的失败，而是在林肯就任总统仪式上的不幸，这件事被称为"美国历史上最不幸的事件"，但它却为林肯赢得了美国公民对美国总统前所未有的尊重和爱戴。

林肯成功就任美国总统后，在庆祝仪式上，林肯的副总统安德鲁·约翰逊喝得醉醺醺的，当着国会众议员，甚至有记者在场的情况下，竟然批评林肯，说林肯像是从野生动物园里跑出来的野马（林肯的脸比较长，而且出身穷苦）。并在接下来的演讲中语无伦次，甚至一度胡说八道起来，将就职典礼搞得一塌糊涂，连基本的礼节都顾不上了。

国会众议员看不过去，要求警察将他关进拘留所，让他在拘留所里醒醒酒。

林肯没有同意，只是派人将副总统约翰逊送回了家。

第二天，约翰逊酒醒了，想起昨日之事，惶恐万分，到林肯面前道歉。

接下来的事情，让林肯赢得了美国公民的尊重和爱戴。这是美国历史上除华盛顿之外，第二个在没有为美国公民做任何事情的情况下，获得美国公民爱戴和拥护的总统。

林肯说：

我昨天也喝醉了，记不得这件事了。

这里，林肯宽容了约翰逊，也为自己做了一次很好的感情投资。

这就是宽容的力量。

要知道，这个世界上，每天都有很多人被别人得罪，只要懂得让一步，便可以化戾气为和气。

我听说过这样一个故事：

在美国旧金山唐人街的一家菜市里，有个中国摊贩的摊位生意特别红火，很多人都愿意去那里购买各类蔬菜。

这边的摊位生意好，就会遮住邻近的几家摊贩的生意，导致他们心生嫉妒。每次收摊的时候，大家都将摊位周围的烂菜叶等垃圾扫到他的摊位前。

中国摊位老板看见后，只是笑一笑，并没有跟他们争执，反而将垃圾扫到自己的角落里，等候着市场清理人员清理走。

这天，清理人员忍不住问道："他们都把垃圾扫到你这里，很明显是欺负你，你为什么不到市场管理处去投诉他们呢？"

中国摊位的老板笑着说："在中国，每到过年的时候，大家都不会往外倒垃圾。家里的垃圾越多，来年就能够挣更多的钱。你看，他们每天把垃圾扫到我这里，我的生意不是越来越好了吗？"

邻近摊位的人听到后，都感觉到很羞愧，再也没有往他的摊位前倒垃圾。

这位中国小老板的宽容美德既宽恕了别人，同时也为自己创造了一个融洽的人际环境。

人的心理好比是一块净土，当受到外来的侵犯时，神经系统会不由自主地收缩，表示一种强烈的抵抗情绪。当两种强烈的情绪碰触到一起，会产生强烈的化学反应。现实中就会因此发生纠纷，产生分歧。

这是不利于人际交流和沟通的行为。

如果在受到外力的侵犯时，在一定的限度内，能够选择宽容，等于容忍了别人的侵犯，纠纷、分歧的问题便会迎刃而解。

生活中，人性的本能防御难免会导致自己与其他人发生冲突。比如，有人在背后恶语中伤，面对这种情况，人的本能防御会让你选择"以牙还牙"，用同样的方式攻击对方。

但是，如果这样的话，你和恶语中伤的人有什么区别呢？

比如，当生活中的朋友背叛你的时候，你是选择伺机报复，还是选择默默承受，宽容他呢？

林肯说过：宽容是一件十分困难的事情，但正是在困难的事情面前，才能彰显一个人的品德和胸怀。

林肯在竞选总统的过程中，他的出身成为竞争对手攻击他的把柄。

这天，一个傲慢的参议员对他说：

林肯先生，在你开始拉拢别人之前，希望你记住你是个鞋匠的儿子，你的父亲只会替别人修鞋。

林肯并没有表现出愤怒，而是说：

非常感谢你使我想起了我的父亲，他已经过世了，我一定记住你的忠告。

这个时候，参议院陷入了一片沉默。

林肯气定神闲地转过头，对那个傲慢的议员说：

我的父亲在修鞋上非常不错，如果你的鞋子不合脚，我可以帮你改正它。虽然我无法像我的父亲一样，成为一个优秀的鞋匠，但我从小就跟我的父亲学会了做鞋子的技术。

说到这里，原来的嘲笑化作了真诚的掌声。

共和党和民主党是美国两个对立的政党，林肯对政敌同样是宽容的态度。这让林肯的拥护者非常不满，批评林肯：

你为什么试图让政敌变成朋友呢？你应该想办法打压他们的势力，巩固自己的势力。

林肯温和地回答说：

我现在做的就是在消灭政敌。你想想，当我们成为朋友时，政敌就不存在了。

这就是林肯的大智慧，用一种宽容的方式，将敌人变成朋友，敌人就不复存在了。

生活中，每个人都会犯错误，当我们犯错误的时候，希望得到别人的宽容。为什么在别人犯错误的时候，不能用一颗宽容的心去包容呢？

别人宽容自己的错误，自己会对别人表示感激。当宽容别人的时候，自然也能够赢得别人的感激。

相反，如果凡事都要斤斤计较，得理不饶人，虽然面子挣足了，实际上却失去了很多宝贵的东西。

智慧经典《易经》上说：

天行健，君子以自强不息。

地势坤，君子以厚德载物。

其中，厚德载物就含有宽容的意思。

子贡问孔子："有没有一个字，可以作为终身奉行的原则呢？"孔子说："那大概只有'恕'字吧。"这个"恕"就是宽容。

说话不要太较真

我们要广交朋友，同时凡事不要太较真。

大家对于喜欢较真的人怎么看？

我说个例子：一个朋友，擅长写一些青春爱情类的催泪文章，博客上聚集着一批粉丝。

这天，他在淘宝网站购买了一个挂坠之类的小物品。交易完成后，要给个评价。朋友觉得整体交易没什么亮点，不好也不坏，于是他就给了店主一个中评，因为他觉得好评必须是自己感到特开心特满足的情况下才能给。

没想到，这个中评惹怒了店主，店主抓狂了。先与他通过旺旺联系，随后是短信，紧接着是电话。

店主的意思是你既然没什么不满意的，就是好评，为什么要给中评呢？要求对评价进行修改。朋友的意思是我也不是特满意，那就应该不好不坏给中评。

两个都是较真的人，为此进行了五六次争论。结果，两人就僵持了，然后发展为店主开始恐吓、责备，我的朋友怒了，彻底地怒了，觉得自己站在真理的一边。

于是就在博客上将这件事情捅了出去，并将这家小店的链接地址挂在博客上。

这引起了那堆粉丝的围观，转而将愤怒的矛头指向了那家小店。几天之后，那家小店的评价上多了几十个差评。

我想他的网店恐怕是很难进行下去了。

先不管中评好评，这个较真的劲儿就不应该。在淘宝上，根据常规意义，不好不坏确实应该就是中评。

一个网店，有几个中评不会影响生意，但多了几十个差评，效果就可想而知了。

何必较真呢？

再来说一个笑话，如果你听过的话，千万不要较真啊。

在一个王国里面，国王为了刺激畜牧业的发展，在全国范围内颁布了一道命令：一个村落如每人食用牛肉或者羊肉一碗，就可免一年的赋税。

大家听了很高兴，除了一个叫香火村的村庄村民，因为那里住着一个小和尚。

很多村民都在劝说和尚，你就吃次肉吧，你吃了我们几百口人一年的赋税就可以免了，那可是一大笔钱，出家人以慈悲为善，就吃一次吧，又不会死人。

小和尚不吃，大伙儿又说，你吃一口，我们拿一部分钱给你修个庙，这样你可以发展更多的信徒。小和尚还是不吃。

结果，愤怒的村民把小和尚赶出了村子。

小和尚非常不解，找老和尚说理，老和尚说：何必较真呢，一碗肉而已。酒肉穿肠过，佛祖心中留。

生活中，不能玩世不恭、游戏人生，但也不能太较真、认死理。

在四川一家动物园，一位饲养员特别爱干净，对动物也特别有爱心。

为了让小动物住得舒服，他每天都会把小动物住的笼子清理得干干净净，以往那些一片脏乱、散发出异味的情况消失了。

结果呢？

面对干净的居住环境，小动物一点也不领他的情，在干净舒适的环境里，动物们开始慢慢萎靡不振了，有的厌食消瘦，有的生病拒食，有的甚至死了。

原来，小动物都有自己的生活习性，有的喜欢闻混浊的臊气，有的看到自己的粪便反而感到安全等。

这个饲养员真是得不偿失。

人性本善，人对顺着自己的事物不会产生戒备，但对与人性相冲突的部分，会表现出强烈的排斥感，甚至是强烈的毁灭欲望，这是人性的一大缺陷。

在人际沟通中，要避免这种人性缺陷。

一面光滑如水的镜子，在高倍放大镜下也会显出凹凸不平；肉眼看上去很干净的东西，拿到显微镜下，周身都是可怕的细菌。试想，如果我们每天都戴着放大镜、显微镜生活、学习，恐怕连饭都不敢吃了；而如果再用放大镜去看别人的毛病，恐怕对方要株连九族了。

哲学家尼采说：走在大街上，听到背后传来骂声，我连头都不回，因为我根本不想知道是谁在骂，是在骂谁。人生如此短暂和宝贵，要做的事情太多，何必为这种令人不愉快的事情浪费时间呢？

尼采的心胸是常人无法比的，知道该干什么和不该干什么，知道什么事情应该认真，什么事情可以不屑一顾。要真正做到这一点是很不容易的，首先就需要面对和解决人性的缺陷。

人际沟通中，不会任何情况都让人满意，这时，要遵循求大同存小异的心态，这样才能左右逢源；相反，如果凡事明察秋毫，眼里揉不下沙子，鸡毛蒜皮的小事都要论个是非曲直，容不得人，恐怕对方也会躲自己远远的。

有一对新婚夫妻，整天都会为一些小事争吵，争吵的结果是两个人感情越来越淡，婚姻面临着解体的危险。

后来，他们为了挽回自己处于危机的婚姻，相约做一次浪漫之旅，如果能找回感觉就继续生活，否则就友好地分手。

他们选择进行一次乡村之旅。在云南的一个村口，他们看到一个老人用一个箩筐筛选豆子，把豆子倒在上面，小的豆子会掉下去，大的豆子会留在上面，做豆种。

这对夫妻问：掉到下面去的一些豆子也可以做豆种的。

这位老人说：不用分得那么细，现在是农忙时节，我每天要筛选三百斤豆种，如果太较真的话，恐怕我一天连十斤豆子都选不出来。

这对年轻的夫妻瞬间明白了，生活中应该多一些宽容，多一些谅解，凡事太较真，结局只能是让自己成为孤家寡人。

"水至清则无鱼，人至察则无徒。"何必较真呢？

沟通交际中，我们需要明确有些事情不需要太较真，敷衍了事可以腾出时间和精力，全力以赴认真地去做该做的事，我们成功的机会和希望就会大大增加。与此同时，由于我们变得宽宏大量，人们就会乐于同我们交往，我们的朋友就会越来越多。事业的成功伴随着社交的成功，应该是人生的一大幸事。

第八章
轻松说服他人的沟通技巧

生活中,所有的人际沟通中都包含着这种表演的艺术成分。青年男女在异性面前,不遗余力地展现自己的才华与美貌;模特在镜头前卖力地表现最美的一面;下属在领导进来时尽量表现出忙碌的样子。这都是一种表演艺术。

用言语激发别人的好胜心

要让别人按照预期的目标前行,你需要激发他的好胜心——这远远胜过批评、惩罚、表扬等手段。

在一个普通的家庭里,电视里正在播放电视连续剧《西游记》的主题曲,在听到蒋大为演唱的《敢问路在何方》时,一个两岁的小男孩心里充满激情,沉浸到音乐之中。

歌唱完之后,小男孩略带几分挑衅地对曾经做过文艺兵的爸爸说:我也会弹这首曲子。

小男孩的爸爸微笑着说:那当然,我的儿子是聪明能干的,是会弹这首曲子的。

在爸爸的鼓励下,这个小男孩坐到了钢琴前面弹了起来。说来也怪,虽然没有学过音乐,歌也只听了一遍,小男孩却几乎把这首歌的大部分旋律都弹了出来,具有极高的天赋。

这个小男孩就是现在享誉中外的钢琴王子郎朗。

有一个小学美术老师,天天在家里备课,两岁的小儿子经常在一边默默地看着妈妈创作。

有一天,孩子看着看着,竟然跑过来去抢妈妈的画笔,也要画画。

小孩子明知自己不会画画，也明知妈妈知道他不会画画，但却突如其来地宣布自己会画画了。妈妈意识到，这正是孩子好胜心、自信心的天然流露，是极其可贵的心理品质。

在妈妈的鼓励下，他开始"涂鸦"，后来又兴致勃勃地学起画来。这个小男孩，就是后来的日本漫画大师富坚义博。

激发别人的潜能，最好的方法是激起竞争。这里的竞争不是钩心斗角的竞争，而是取胜的欲望。

著名管理学大师德鲁克，在他的笔记中记录了这样一件事：

1985年，日本进口车在美国市场的占有率节节上升，GM（通用汽车公司）已被很多人讥讽为廉价品，到了真正山穷水尽的地步时，通用汽车公司考虑了我提出的方案。

GM的落后是因为各个环节都落后于日本汽车制造商，尤其是售后服务方面，一辆车需要花费四到五个小时的时间才能完全解决，总是不能完成指标。

我一直在考虑：这是怎么回事？像GM这样一个大集团，笼络了当时世界上能力最突出的检修师，不能使售后服务完成修理指标吗？

GM后勤保障部主任告诉我：我几乎用尽了所有的办法，利诱、激励、威胁，甚至将开除的方法都用上了，但怎么样也产生不了效果，检修的效率依旧低下。

这个时候，正好是中班结束，轮到晚班的工人前来。

我看到板报上写道：效率是企业的生命力。

我擦掉这句毫无用处的标语，转身问身边的工人，你们这班今天检修了几辆车？工人告诉我，两辆车。

我在板报上写道：中班检修 2 辆汽车。

然后走开了。

次日清晨，早班工人上班时，看到了这块牌子，牌子已经改成了：晚班检修 3 辆汽车。

过了几天，我到检修部门查看的时候，发现板报上的字改成了：中班检修 9 辆汽车。

后来，检修部的负责人告诉我，每天上班前，工人最关心的问题是板报上的数字，他们热情而又紧张地工作。有天下午，早班的人下班之后，将板报上的数字改成了 10，并唱歌表示庆祝。

不久之后，GM 一度减少的市场份额逐渐回升。

我的方法是什么？

我的方法很简单，激起他们的好胜心，这就是问题的全部答案。

人性都有一种想"看到自己的价值和成长"的倾向，这本身就是对人性最好的激励。

生活中，每个人都会非常在意自己的存在、自己的价值是否得到了体现。想使别人顺从你、按照你的思维发展，需要设法激起别人的好胜心、改变别人的工作动机。即由外在的工作动机，转化为内在的好胜心。

实现有效沟通，让别人按照自己预期的方向发展，要学会激起别人的好胜心。

不要说"他根本不听我的""我无法驾驭他"之类的话。每个人都是特殊的个体，是独立的个体，都有自己的个性，不会听你的，也根本不会让你驾驭。

同样，你也不需要驾驭对方，不需要让对方听你的，你只需要让对方按照你预期的方向发展即可。如果你驾驭住了他，让他听你的话，但却失去了主观能动性，这样对方的动力就会荡然无存。

另外，当他被你驾驭，看你的时候用一种紧张、害怕的眼光，不但思想僵化，甚至还会起反作用，结果只会走向好胜、自信的反面——自卑，而自卑、胆怯是制约人性发展最严重的心理障碍。

人性都有争强好胜的一面，喜欢表现自己、证明自己的价值，而这正是你激起对方好胜心的关键所在。

任何成功的人士和有能力者，他们都具有一种能力——将机会摆在别人面前，给别人一个表现自己的机会，证明他的价值——而成功人士和有能力者，需要做的是——该干什么干什么，等待着对方传达好消息。

人际沟通中，很多事情，当我们依靠批评、惩罚、表扬等手段解决不了的时候，我们可以考虑这样一种策略——给他人提出一种挑战，然后让他们自己面对。

在一头驴子前面放上一把干草，比从它后面用鞭子抽它效果要好得多。从后面抽它，它可能会前进，但可能会走向错误的方向；在前面放一把干草，它自然会跟着干草走，方向自然由干草把握。

给他人一种挑战，他们更清楚自己眼下的处境，更明白自己应该怎么去做。

激发他人的好胜心，能够使他产生一种向上的精神，这是一种非常有效的方法。要实现有效沟通、完成预期的目标，需要激起竞争，当然不是钩心斗角的竞争，而是激起人性潜意识中的求胜欲望。

抓住别人的高尚情结

要实现有效的沟通,改变他人,你需要激发他人高尚的动机。

我有个同事赵德厚,出生在河北石家庄正定,这是历史上赫赫有名的猛将赵云的故里。

从一开始,他给我的印象就很深刻。在生活中,每当他乘坐电梯时,总发现他有这样一个行为:电梯门一开,他总要让其他人先进,自己最后进去,如果遇到电梯中有人出来,他必定先让人家出来,并把自己的手放在电梯门边,免得让人家把衣服弄脏。如果进电梯的人多了,超重了,他必定第一个出来,让人家先走。

每次,我们一起出去办事,打出租车时,他必定给你开车门,像个绅士一样。最让我难忘的是,每次中午我们很多同事一起出去吃饭,吃好饭他总会给大家一张餐巾纸。另外,他本人平时特仗义,遇到同事寻求帮助,在能力范围之内,总会尽力帮忙,俨然一个江湖侠客。

后来,赵德厚告诉我,他是赵云的后人,然后,会将赵云的英雄事迹讲给我听。有很多我听过的,也有很多我没有听过的,都是在赞扬赵云的胆魄和忠勇。每次还不忘表达忠心,立志要做个赵云一样留名青史的大人物。

大概在赵德厚看来,自己是一个"柏拉图"式的理想家,有一个崇高的理想在激励着自己。

确实如此，赵德厚在工作和生活中非常慷慨、仗义，在同事中的印象很好。

由于他的这种行为习惯，我们大家也慢慢地跟着赵德厚学，久而久之便都养成了一种"为他人服务的思想"。

在平时的笑谈中，我们总是说这是"赵德厚效应"。

其实，这是一种高尚动机的心理行为，因此会引发他人的高尚动机，事实上，这是一种人性行为。比如，你在镜子中见到自己的时候，都会觉得自己与众不同，这不是自恋心理，而是内心的一种潜在的高尚情结。

李伟是做房产中介生意的，有一套房源的主人威胁李伟，告诉他："如果再找不到一个长期的租户，我将把房源介绍给其他的房产中介，让他们从中收取中介费。"

这套房源的主人，在两年前将房子投入到李伟的中介公司，敲定价格之后，让李伟负责给他联系租户。然而，短短的两年之内，这套房源先后有6家住进去，尽管都签订了一年的合同，但却没有住到约定的期限，纷纷毁约离开。

这样，给李伟的公司带来不少收益，但却惹怒了房源的主人，因为他需要三番四次地从几百里之外赶过来签合同。

这也让李伟非常生气，他与房源的主人签订了三年的中介合同。

"如果在以前，我会跑到房主那里，让他把合同再读一遍，我要指出，如果他毁约，需要根据合同规定补偿我的损失，而且要求最大限度地补偿。"

"可是我没有那么做——不能把事情搞坏。"他决定使用别的方法。他说:"多年的中介生涯让我对许多人的品质有很大的了解,我认为你是一个守信的人。实际上,你的确如我想象的那样,两年的合作,你从来没有过不诚信的现象。"

"现在,我的建议是这样:我们重新规划一下合同,我宁愿吃亏,也想留住这样一位诚信的客源,这是我的公司赖以生存和发展的基础。"

短短的三天之后,他们重新签订了合同,而且将还剩一年的中介合同延长为三年。

人之初,性本善。从人性的角度出发,当一个人在进入一个新的领域时,他的人性以一种原始的善良状态为出发点,都是抱着一种善良、美好的动机去工作、去学习、去交友等等。

例如,新到一个陌生的环境,总是希望给别人留下一个好印象,希望摈弃掉以前的种种恶习,做出改变。这是人性善良的一面。

而后天环境的变化,才造成了各种行为的差异,导致背离"善"的现象。

美国金融巨头摩根,不仅是一位卓越的经济学家,更是一位心理学家。他说:一个人从事一件事,通常有两种理由,一种是真实的,一种是高尚的,而高尚的动机则往往更具驱动力。

因此,要改变人,需要激发别人高尚的动机。

一位保险公司的主管,为了能够提高手下员工的工作效率,常常会送一些管理方面的书籍给下属。他告诉员工:努力开拓业务,是为了有能力去管理别人。

管理别人是一种高尚的动机,这一句话给他的员工无形的动力,激发了他们的高尚动机,并且将集体的斗志带到最高点。

人际沟通中，高尚的动机是做给别人看，想得到几句称赞呢？还是完全发自内心的呢？

其实，从人性的角度来说，高尚的动机不需要具有表演的性质，不需要做给谁看，更不是要得到谁的几句赞扬。高尚只是一种品行，是一种日积月累的行为习惯。

然而，沟通交际中，很多时候，当我们发现对方动机不良、不怀好意时，戒备心会促使我们还击，而还击的方式通常为一针见血地向对方提出挑战。

这并非是一种理智的方式，这只会激化对方的不良动机，在人性的驱使下采取更加激烈的方式。这种行为不免会引发一场冲突，对方反而变本加厉，这样自然不会有什么好结果。

但如果我们换一种做法，在他们产生不良动机时，以一种高尚的动机让他人将这种不良的动机自行泯灭，并随之让高尚的动机产生强大的驱动力，产生一种良好的效果，在这种情形下，很多事情就变得容易沟通与解决了。

比如，在拥挤的公交车上，一位抱着孩子的妈妈上了车。而孩子的旁边正好有一个人，他不想让位，将脸故意扭向窗外，动机是不愿意让位子。

而作为售票员，提醒顾客给老人、孩子让座位是一种责任。你会怎么样实施呢？

"先生，您好，请把座位让给孩子，谢谢！"

这并不是最好的办法，即便座位上的人站起来，也不是心甘情愿的。

如果售票员换一种方式："小朋友，这位叔叔太累了，让他坐一会儿，休息好了他就会让给你的。"

相信这句话一出，座位上的人就再也坐不住了。

这就是高尚的动机。售票员对座位上的乘客采取了尊重礼让的方法，给他设计了一个"高尚"的角色：他是一个善良的人，只是由于过度劳累而无法施善行。趋善心理使座位上的人无法拒绝扮演这个善良的角色。

人性都喜欢把自己理想化，都喜欢把自己的行为赋予一种高尚的动机。因此，如果我们想改变他人，就应该使之产生一种高尚的动机。

利用表演艺术

为了更好地实现有效沟通，必须学会利用表演艺术。

这天，妻子在看一部韩剧，剧情的结尾有点凄惨，天空飘起小雨，男主人公孤独地拎着行李箱离开，再加上悲惨的音乐，妻子竟然在抹眼泪。

一个虚幻的故事，能让现实中的人抹眼泪，依靠的就是表演艺术。

英国作家艾洛特曾经写过这样一篇短篇小说：

艾伦是一位中产阶级家庭主妇，她邀请自己的朋友来家里做客。为此，她认真地准备要举办的家宴，细致地挑选宴会上要使用的餐具，精心地打扫她的房间，让房间的每一个角落一尘不染。并挑选合适的衣服，极为细致地梳妆打扮等。

这一切都在她的心中计划得天衣无缝。当然，这些努力都是表演，目的是想留给客人一个良好的印象，让客人觉得她是一位富有魅力、和善而称职的家庭主妇。

在宴会上，她热情大方地招呼着每一位客人，尽量避免单独和某人谈话而冷落了别的客人，注意对所出现的任何意外情况表现出宽容态度，极力掩饰自己的疲劳或对个别客人的不满情绪。

然而，这一切在客人们全部走光后，全部消失。

艾伦一反温柔贤惠的举止，用力踢掉高跟鞋，懒散地倒在沙发上，冲着丈夫大声地发泄着自己的不满。

生活中，所有的人际沟通中都包含着这种表演的艺术成分。青年男女在异性面前，不遗余力地展现自己的才华与美貌；模特在镜头前卖力地表现最美的一面；下属在领导进来时尽量表现出忙碌的样子，这都是一种表演艺术。

社交场合是一场表演，社会就好比一个舞台。

晓琳是公司人事部的员工，一次由于工作的失误，给我造成了很大的麻烦，公司的绩效考核乱如麻，我的愤怒可想而知。

管理公司，一直参照规章制度。根据制度，晓琳可能要面对被开除的危险，尽管她一直给我不错的印象，但却让我很生气。

我把晓琳叫到了办公室，期间，事情的发展是这样的：

说实话，我并不想开除晓琳，但是我觉得，既然有规定，就应该依章办事，不然公司的管理就乱套了。

我正在考虑怎么和她说开除的事情。

出乎我的预料，晓琳居然站在那里小声啜泣起来，看起来满脸委屈。看到晓琳哭得梨花带雨的，我再也不忍心开口说辞退她的事情，先前的怒气也渐渐平复我从桌上拿了一张纸巾给她，说："你别哭了，这件事到此为止，以后不准再发生类似的事情。"

事后，我意识到我当时感情用事了，被晓琳聪明的表演艺术扰乱了心智。不仅没有开除她，甚至连基本的责备都没有。

晓琳关键时刻的表演艺术，让自己免于严重的惩罚，这不能不说表演艺术在关键时刻帮了大忙。

当然，需要解释一下，表演艺术分两种：一是不知道自己在表演，即不自觉地表演；另一种是知道自己在表演，即自觉地表演。

表演并不能单纯地被认为是"好的"或者是"坏的"，表演艺术的好坏很难定性。

过后不久，我认为晓琳当初的表演是正确的，不然我可能会损失一名优秀的员工。

三国时期的刘备，是个伟大的表演艺术家，可以说越到关键时刻，他的表演艺术越能发挥作用。他的表演艺术能打动很多人，勾起很多人的同情。在表演艺术的渲染下，很多人对刘备不离不弃，甚至愿意为他付出自己的所有，这便是表演艺术的作用。

如今人们只用现实中真实的面目表现自己的方式明显不够了。如果你想使自己更出色，你必须运用喜剧的表演方式。其中，可以通过电影、电视、广播等形式，吸引顾客的眼球，诉之于观众的视觉和听觉。

我在一本书上看到过这样一个有关创业的励志故事：

故事的主人公在事业刚刚起步的时候，只有一个小商铺，坐落在一条鲜为人知的街道上，生意很不景气。后来，他经过苦思冥想，制定了一连串的宣传计划，因为资金有限，只能通过当地电台的形式进行宣传。

他花了四百元在电台上播放了十遍十秒的广告：

本周六上午十点到下午五点，青年街口的胶水厂将举行大力士比赛：谁能把一枚用强力胶水粘在墙上的硬币揭下来，将给予奖金一万元，绝不食言！

这个消息不胫而走。

当地的电视台进行了大力宣传，几天之内，传遍全城，很多人都跃跃欲试。

约定的时间到了，人们将店铺围得水泄不通，当地电视台的录像车也开来了。小老板拿出一瓶强力胶水，将硬币的一面涂上一层胶水，将它贴在墙上。三分钟之后，人们一个接一个地上来试运气，结果硬币纹丝不动。很快，这件事被宣传出去了，短短三个月的时间，这种胶水传遍中国，它就是502强力胶水。

这就是表演艺术的作用。

人的本性容易受到外界情绪的感染，对一些高于人性情感承受力的现象，容易分泌出一种感性因子，这种感性很容易失去控制，使人容易受到情绪的控制。

人际沟通的过程就是人表演自我的过程，但这个"自我"并非真实的自我，而是经过乔装打扮之后的"自我"。这种"自我"源于生活，却高于生活。

因此，沟通高手实际上是带着符号制作的"假面具"的表演艺术者。

这不能用社会价值观去衡量，所谓的"假面具"通常要与社会公认的价值、规范、标准相一致，否则便得不到观众的认可，更难赢得他们的喝彩。所以，戴着"假面具"表演的意义不完全在欺骗，它还具有约束真实自我所固有的冲动、不安、随心所欲等非社会化因素的作用。

用最简单的一句话：世界上其实根本没有感同身受这回事，针不刺到别人身上，他们就不知道有多痛。

但是为了让被伤害者接收到同情的信号，必须要利用表演艺术，达到"感同身受"的效果。

人性的本质，使我们喜欢那种说话直言直语、干脆果断的方式，但有些场合，我们如果直接表明自己的意图，则可能会得到相反的效果。

因此，在这种场合下，你需要收敛起人性的本质，戴上面具，利用表演艺术让自己的意图充满戏剧性。比如，吸引他人的注意、改变他人的意愿，这样你的意图就不知不觉地渗入到对方的脑子里。由此你也许会获得一份戏剧性的收获。

每一个人都是表演家，很多事情都需要我们使之更生动，更有趣，更加戏剧化，因此，必须恰当运用表演的艺术。

抓住顺承心理合对方心意地说

假定一种优秀的品质，让他自己去挖掘这种美德。

7岁的英国女孩塞亚·格林非常喜欢吃冰激凌，一旦吃起来就没完没了，因为缺乏自控能力，她常常光顾当地的医院，甚至有一段时间得了严重的腹泻。

格林夫妇为了纠正女儿喜欢吃冰激凌的习惯，使用了很多方法，依旧没有任何用处，甚至一度让冰激凌消失在冰箱里。但塞亚依然会用零花钱到邻居家购买。

让格林夫妇非常头痛的教育问题困扰了他们许久。

这天，格林先生和新搬来的邻居简·丝聊天，塞亚也在院子里骑木马，当然，格林和邻居简·丝聊天的内容，塞亚能够听得非常清楚。

"我的儿子杰克喜欢吃冰激凌，如何纠正他这个问题，困扰了我许久。"简·丝说。

格林突然想到了一个不错的方法。

他大声地说道："这个你可以让杰克和我的女儿塞亚学习经验，塞亚过去也是一个喜欢吃冰激凌的孩子，但现在已经改正了。现在，她很少吃，除了在天热的时候。塞亚，你过来。"

塞亚略显羞涩地跑过来。

"去告诉杰克，吃冰激凌有什么坏处，另外，帮助他改正这个不好的习惯。"格林温柔地对塞亚说。

这简单的几句话似乎拥有一种强大的魔力，塞亚不仅把经常吃冰激凌的习惯改掉了，甚至会在爸爸妈妈吃冰激凌的时候对他们说："冰激凌一定要少吃，这是为了你的身体健康。"

塞亚有了自己的名誉问题需要顾全，并且她真的顾全了。她把常吃冰激凌的坏习惯改变了，她情愿自己忍受着，也不愿使爸爸和邻居杰克失望。

罗斯福是美国伟大的总统之一，他的伟大之处不仅仅是由于把美国的资本主义从覆亡的边缘拉了回来，更是因为他对身边人品质的成功改善。

在1936年的总统选举中，罗斯福的竞争对手是共和党阿尔夫·兰登。在竞争中，经过一番斗争，兰登遭到了美国总统竞选史上最惨重的失败。罗斯福的得票率为98.49%，仅次于华盛顿和门罗。

上任后，他将自己的竞争对手阿尔夫·兰登提名为政府要员，协助自己解决美国国事。

阿尔夫对自己的失败一直耿耿于怀，对罗斯福更多的是敌视。

派遣阿尔夫为美国在太平洋军事基地的总司令官，这是一项十分重大的决定。

"你是我见过的最有魄力和意志力的人，诚实可靠、心胸宽广，太平洋军事基地的重要事务，只有你能够担任。"罗斯福在送行阿尔夫时这样说道。

后来，太平洋战场成为第二次世界大战的转折点，而阿尔夫的贡献居功至伟。

"普通人，你想消除他的警戒，那么你就对他的某种品质表示赞赏，他就很容易受到暗示的引导，从而形成那种令你期待的品德。"罗斯福说。

简单来说，如果你要在某一方面改变一个人，你就要做出好像那个优点已经是他的显著特征之一的样子，就这么简单。

华盛顿是美国独立战争领导人。战争爆发后，他被任命为大陆军总司令。他交给属下安东尼一份任务，让他监督修筑新城的城墙，并规定半个月内完工。

安东尼负责主管此事。有一个工人因为有事拖延了一天，安东尼就逮捕了这个工人的主管，将其关了起来，以示警诫。

这件事情传到了华盛顿的耳朵里，他觉得是安东尼太急躁了，犯了错误。如果直接指出他的错误，肯定会让他难以接受。

第二天，华盛顿去考察进度，见到了安东尼，华盛顿并没有直接提及主管被抓的事，而是和安东尼共同登上城墙，故意左右张望，然后说："这堵城墙修得很坚固，真算得上是一件了不起的功劳。劳动量这样大，进行得很顺利，肯定能够提前完工。而且进行中未曾处罚过一个人，这确实让人敬佩不已。不过，我听说你将一个主管工程的人叫来审查，我看大可不必，整个工程进行得这么顺利，出现一点小小的纰漏是不足为奇的，又何必为一点小事影响你的功劳呢？"

安东尼见华盛顿如此评价他的工作，心中甚是高兴。华盛顿离开之后，安东尼立刻吩咐下属，将主管释放了。

那个小主管之所以能够获免，原因大多在于华盛顿的方式。他首先将安东尼捧上了很高的高度，然后就事论事，深得要领，不能不令人拍案叫绝。

人际沟通中，很多人潜意识中都存在顺承心理，对那些合自己心意的就容易接受。因此，顺应事物的发展规律，巧言游说，便容易成功。

伟大的剧作家、诗人莎士比亚说：假定一种美德，如果你没有。最好是假定，并公开地说，对方有你要他发展的美德。

给对方一个优秀的名誉去实现，他便会尽力去实现真正的名誉，而不愿让你失望。因此，如果你要在某方面改善对方，就要做得似乎那种特点已经是他的显著特征之一。

这种方式利用了"南风效应"，选择那些合乎对方自我心理需要、乐于接受的沟通手段和方法，引导对方主动进行自我完善。这种方式会让对方容易接受，心里会产生一种愉快的感情，激励自己向这个方向去努力。

任何一个人都不喜欢批评，批评会给对方带去失落、灰心、厌烦、抵触……人无完人，出现一些欠缺或不成熟的行为都是正常的，当我们要在某个方面改进他们时，不妨假定一种美德，给对方一种心理上的引导。

用友善敲开对方的心扉

做人要懂得"如欲取之，必先予之"的道理，以友善的方式开始对待你的朋友。

美国人在针对孩子的教育上，十分注意反面教材的作用。对于一些在中小学校园里出现的恃强凌弱的所谓"小霸王"，校方的态度也是非常鲜明的。

据悉，凡是经过两次以上的教育仍旧不思悔改的"小霸王"，校方会开设独立的课堂，禁止他与其他孩子接触，让其在失去自由的条件下悔过，如果依旧不思悔改，则会由不良少年管教部门给予管教。对于电影中的暴力镜头，有着严格的观看年龄限制，电影院会严格执行。无论是教师还是家长，都十分注意引导孩子以批判的眼光进行审视。

美国制造的武器以高、精、尖而举世闻名，但美国人不赞成玩具商开发高科技暴力玩具，更不支持孩子，尤其是男孩，与玩具枪、炮、坦克为伴。因为美国的研究者已经找到了越来越多的证据证明：美国暴力枪杀案与小时候经常用玩具模拟杀人有直接的关系。因此，美国的玩具越来越接近卡通，比如唐老鸭、米老鼠等。

美国人对孩子的教育，是希望将孩子培养成一个对人友善、亲切的人，将来为世界人民做贡献的人。

友善教育成为美国家庭教育的主导方向。

美国人一直坚信他们的总统林肯说的一句话：一滴蜜比一勺苦胆汁能够捕到更多的苍蝇。

美国历史上第16任总统林肯，被称为美国历史上最伟大的解放者。他的交际手腕一直让人津津乐道。

林肯由于家庭贫困，从小营养不良，非常消瘦，而且，脸很长，形象上比较难看，这成为很多人嘲笑他的把柄。

这天，林肯在树林里散步的时候，遇到了一位老妇人，老妇人说："你是我所见过的最丑的一个人，只比猴子一样的林肯稍微好看一些。"

林肯幽默地说："我是身不由己，不过至少我比总统要好看一些，谢谢您对我的奖励。"

"不，至少你可以待在家里不出门啊！"老妇人说。

"这可不行！我还得为美国公民上街维持秩序呢。"林肯幽默地说道。

林肯友善的回答彰显了自己的胸怀和智慧。这是林肯竞选总统时，为什么能深得人心的一个缩影。

大学时期的一位导师，尽管只有40多岁，但头发快要秃光了，露出一片"不毛之地"。

他的这个特点成为我们嘲笑的对象，我们经常在背后称呼他"沙漠之师"。

有一次，他干脆在课堂上向我们讲明了因病而秃发的原因，最后，他还加上了这样一句话："头发掉光了也有好处，至少以后我上课时教室里的光线可以明亮多了。"我们发出一片友好的笑声，此后再也没有人叫他"沙漠之师"。

同样，大学时期有一个老师，个子很矮，也成为我们嘲笑的对象。

冬天的时候，有同学故意在走廊上泼了一盆水，想看老师的笑话。等到上课铃响的时候，水已经结成了薄薄的一层冰。老师小心翼翼地踩过去，走进教室之后，笑着说："哈哈！我个子矮，重心低，很难滑倒的。"

此后，再也没有学生嘲笑过他。

友善具有强大的力量。因此真正伟大的人物会通过友善的方式，让别人和他一起笑。他们以友善的方式来实现人际交往中的有效沟通。

人性本身是一个复杂的统一体——真与假，善与恶，丑与美的交织，在人性的驱使下，我们容易做一些自认为真的假事，自以为善的恶事，自以为美的丑事。人性的劣根性让人总是交织在真与假，善与恶，丑与美的生活中。

然而，一个人要想活得更加快乐、幸福而且有意义，就应该使自己多一点真、善、美的东西。人性的劣根性让很多人似乎生来就假、恶、丑，对待别人、对待生活、对待周围的世界，甚至对待自己。

人际沟通中，我们首先想到的是自己，忽略别人，甚至以牺牲别人来换取自己的利益。

比如，遇到了不开心的事情，乱发脾气，对周围的人发作一通，固然自己可以非常痛快地宣泄了情绪，但周围的人会怎样？他能分享你的快乐吗？你高高的声调、仇视的眼神，能使别人信服你吗？

想要实现有效沟通，如果你对他人毫不友善、不露真情，又怎能期望从他人身上得到友善的回报？当你与人相处时，"礼尚往来"这一准则一定要遵守，投之以桃方能报之以李。

人性的劣根性不易改变，你无法通过强制手段强迫他们同意你，但你完全有可能引导他们。只要你用温和友善的方式，别人自然会主动接近你。

如果你想赢得人心，首先要让他人相信你是最真诚的朋友。那样就像有一滴蜂蜜能够吸引住他的心，也就有一条坦然大道，通往他的理性。

威尔逊总统在他年轻的时候说："如果你握紧两个拳头来找我，我想我第一反应是如何击倒你。但是，如果你到我这儿来说：'让我们坐下，一起商议，如果我们意见不同，我们要了解为什么彼此不同，分歧是什么。'不久就可以看出，我们身上的相同点很多。"

这是威尔逊总统被美国公民拥戴的原因。

灿烂的阳光比猛烈的狂风更容易让你脱下外套；仁厚、友善的方式比任何暴力更容易改变别人的心意。这句话有多少人能了解和真正做到呢？

如果你希望别人认可你的选择，就需要先使他相信：你是他忠实的朋友。用一滴蜂蜜去赢得他的心，这样你就能使他走在理智的大道上。相反，如果你动不动就乱发脾气，对别人说一些难听的话，以为这样你会感到淋漓尽致地畅快，那你就错了。你的火药味和敌视的态度会使对方对你表示赞同，分享你的痛快吗？绝对不会。

沉默也可以是沟通的润滑剂

人际沟通中,要懂得什么时候该说,什么时候不该说,当你没有把握的时候,可以让对方先说。

沉默是金,这几个字蕴藏着大智慧。

几年前,我的电脑需要配置一个光驱,但我当时对光驱一窍不通,购买却又怕吃亏。

我到了中关村电脑商城,先到了第一家店,一样一样地看。

老板走过来,问我想买些什么,我笑了笑,指了指光驱。

老板主动介绍:"你看看三星怎么样?进口的。"

我接着走进另外一家,进去转了转,老板问我想买什么,我说,想看一下三星的光驱。老板立刻给我拿出几件,我一样一样地看,依旧保持沉默。这时候,老板看我正端详其中一样,说:"韩国三星外置 DVD 刻录机,效果很好。"

我跟着又出来了,进入下一家店,才进门就问:"有没有三星外置 DVD 刻录机?"

老板赶紧把我带过去,一样一样地介绍,看我正看着其中的一个,介绍说:"三星 SE-S084F,8 速,支持从 USB-CDROM 启动……"

接着我走进了下一家,这次进门就直接问:"老板,这里有三星 SE-

S084F，8速，支持从USB-CDROM启动……？"

相信此时在老板看来，我一定是个行家，他赶紧把我介绍过去。我说："什么价格？我可是比价，你开，我不还价，但是如果贵了，我转身就走。"

老板说了一个价格，我要求降低，老板没有同意。

我拿着老板开出的价格，去了别家，综合比较之后，买了一个光驱回来。

相反，如果我心急，保持不了沉默，一进门就问："老板，我买个光驱，要好一点的。"相信老板立刻就能看出我是外行，碰上奸商，肯定会狠狠地敲我一笔。

用沉默的方式去学习，学会了，问题就解决了。

人际沟通场合中，要懂得什么时候该用嘴巴，什么时候不该用。尤其是当你没有把握，对事情一知半解的情况下，一定要让对方先说，从对方的话里探虚实。真正有能力的人，往往是那些一张嘴就显得很懂行的人，而那些喋喋不休的人，往往是无法做出决断的人。

新来的董事长艾迪·伯德上任两个月以来，每天早早地到办公室，然后下到车间，和技术工人交谈；接着到市场，一观察就是一个小时，和顾客交谈……在公司里，没有召开过一次会议，没有发布过一条命令。

他的助理埃文斯实在沉不住气，对他说："你刚来的时候，我为你整理了一份公司的文件，可是你两个月以来都没有动过，为什么？"

艾迪·伯德回答说："两个月都没有看，是我没有做好准备看，当我做好了准备的时候，公司就开始踏上另一条路。"

果然，第二天，艾迪·伯德召开了大会，发布了四项措施，废除了原来的四项制度，撤掉了三个部门，扩大了市场部门，提拔了四个技术员。

半年之后，公司员工的奖金翻番，所有的人都对他佩服有加。

艾迪·伯德没有在上任之初张开嘴巴，没有暴露自己的意图，而是在充分了解公司情况之后采取有效的行动，因此能让公司顺利发展。

"沉默更有说服力"，很朴素的一句话，却蕴含着非常耐人寻味的真理。

嘴巴上的无作为，并不代表大脑思维上的无作为。正相反，精髓思想产生的过程，正是来源于那看似沉默的思考过程。

生活中，很多人喜欢先入为主，先发制人，这过早地泄露了自己的思想，将并不成熟的思想过早地说出来。这样，则失去了进一步思考、提高的机会，使本来可能很有价值的想法随口溜走了。

相反，对于听话的人，他们冷冷地听着你的滔滔不绝，除非是在听上司的训话。如果两个人站在平等的地位上，他不讲话，就显得高深莫测，成了"你在明，他在暗"的局势。

另外，他已经知道了你的动机、出发点，而你却对他丝毫不知，这样你更有压力，因为你抓不住他，不知道他怎么想。他就像表面平静的水一样，下面有多少激流暗涌，你根本无从得知。

林肯说："沉默的人最擅长伪装，就像是一只狗一样，它微笑地看着你，你却不知道它的动机是什么。直到它咬到了你，你才意识到：哦！它在思考着如何攻击我。擅长伪装的人很讨厌，但我愿意做这样的人。"

"黔驴技穷"的寓言很多人都知道，当驴子不叫的时候，老虎只能远远地望着，因为老虎没有见过驴子，对这样一个庞然大物感到畏惧。当驴子叫的时候，老虎已经不那么害怕了，当驴子踢的时候，老虎已经完全不害怕了。

驴子就那么一叫一踢，露出自己全部的家当，被老虎知根知底，结果一口就被老虎咬死了。

被别人知道底细、了解底细，该是一件多么可怕的事情，因为你随时都有可能成为他口中的一顿可口的"晚餐"。

人际沟通中，很多人就像那只驴子一样，迫不及待地亮出自己的全部家当，滔滔不绝，想通过这种方式让别人关注你，结果往往恰恰相反。

很多人都知道，与你仅有一面之缘却被你看透的人，你会觉得索然无味，因为说的话太多。而一直保持沉默的人，你不仅仅对他印象深刻，而且产生了探寻他的愿望——这是人心的好奇本性。

"他继续滔滔不绝地说着，我倾听了差不多1个小时。"卡耐基在自己的演讲中，这样说道。

"我去拜访过他两次，在第二次拜访他的时候，我成为他正在创办的一个组织的会员。直到现在，我还是他组织中的会员，但在当时，我是他唯一的会员。我每次都倾听，并同意他的意图。后来，我告诉他，'你知道人为什么有两只眼睛，两个耳朵，却只有一张嘴巴吗？为的是让人多看、多听、多想，而少说两句。'他很聪明，立刻就明白了我的意思。后来，他告诉我'我从来未与别人有过这样的谈话，我现在感觉很幸福'。现在，这家会所的会员已经突破10万人，而我却是第一个会员。"

沉默是金，或许并非人生箴言，却是沟通人际关系的润滑剂。沉默达到的是"此时无声胜有声"的意境，实现的却是"用心沟通"的境界。